中国当代美学家文论家评传

王岳川　主编

周揚兄：我很想找一个機會到延安來看看，希望今年暑假中可以成行，行前當再奉聞。謝謝你招邀的厚意。我對於你們的工作十分同情，你大概能明瞭。將來有再見的機會，再詳談一切。匆此順頌

時祺

弟 朱光潛 一月廿日

中国当代美学家文论家评传

王岳川 主编

朱光潜评传

肖学周◎著

黄山书社

图书在版编目(CIP)数据

朱光潜评传/肖学周著.—合肥:黄山书社,2016.8
(中国当代美学家文论家评传)
ISBN 978-7-5461-5398-8

Ⅰ.①朱… Ⅱ.①肖… Ⅲ.①朱光潜(1897~1986)—评传
Ⅳ.①K825.7

中国版本图书馆CIP数据核字(2016)第007713号

朱 光 潜 评 传
ZHUGUANGQIANPINGZHUAN
肖学周 著

策　　划 汤吟菲 朱莉莉
责任编辑 朱莉莉 熊裕娟
装帧设计 未 氓
出版发行 时代出版传媒股份有限公司(http://www.press-mart.com)
　　　　 黄山书社(http://www.hspress.cn)
地址邮编 安徽省合肥市蜀山区翡翠路1118号出版传媒广场7层 230071
印　　刷 安徽国文彩印有限公司
版　　次 2016年8月第1版
印　　次 2016年8月第1次印刷
开　　本 700mm×1000mm 1/16
字　　数 150千
印　　张 11
书　　号 ISBN 978-7-5461-5398-8
定　　价 38.00元

服务热线 0551-63533706
销售热线 0551-63533761
官方直营书店(http://hsssbook.taobao.com)

总　序

近百年来，中国美学文论学在西方现代性与后现代性的不断扩张中，艰难地生产着自己的文化和美学新思维，在欧风美雨中不断吐纳吸收的同时变更着自己的美学文艺学立场。然而，当美学和文论边界不断扩大化的时候，中国美学文论身份却出现了辨识上的危机。中国美学家文论家的集团没有形成，甚至可以说在长达一个世纪之内，学者们在一个一个地细读、消化、评论西方美学家文论家，却没有看到中国美学文论界整体性地对中国百年来的美学家文论家加以整体研究的著作。

尤为严重的是，中国美学界文论界在对整个西方美学界文论界加以研究的时候，已经从宏观研究进入到微观研究层面，对西方古典美学家文论家、西方近现代美学家文论家、西方后现代美学家文论家的研究著作已多不胜数，而整个西方对中国美学家文论家的了解和研究却几乎是空白。这种文化美学上的不对等性，导致中西美学界文论界产生了巨额的“文化赤字”。这种“文化赤字”可能引发的“文化战争”危险,迄今仍然没有引起学术界的高度重视。

一、中国美学家文论家需在国际话语中重建身份

作为大国崛起的中国,其当代美学文论的前沿话语是同整个世界前沿话语相连的。中国面对世界,世界不可能背对中国。东方大国的美学文艺学在失去自我身份后亟需重新反省并获得自我身份:在经历了一个世纪的西化浪潮之后重新检讨中国美学的精神价值取向,从全盘西化的美学文论研究的盲视中走出来,重新以“走近经典”的文化高度和精神厚度,审视中西文化深层对话时代中的中国美学文论身份;从西方美学文论的中国化到中国美学文论经验的世界化的转型中,关注文化创新与文学理论创新的同步性,进而守正创新——“走近经典”并“创新经典”。

不同的价值立场使得在全球范围内出现了文化宗教层面的反全球化的多元文化主义潮流。多元文化伴随着人类历史而发展:中国文化传统、希腊

文化传统、希伯来文化传统、阿拉伯伊斯兰文化传统、非洲文化传统等多种文化不断消长，此起彼伏地影响着人类社会的进程。整体性现代社会正在发生大分裂，世界正在走向新的多元化、多样化。

当代西方文论的全球扩张，深层原因是西方现代性与后现代性的全球播撒。现代性使当代西方艺术具有了文化霸权的话语平台。现代性与科技发明和殖民主义相关，短短200年就使得西方成为世界霸主。但反过来，现代性也让西方和世界深受其害。因为在现代性发展和大国崛起的几百年历史中，世界告别了“王道”而成就了“霸道”，最终导致两次世界大战并走近第三次世界大战的边缘。于是审美现代性、后现代性开始放弃价值升华的追求，现代艺术家开始感受世界堕落般的“恶心”。艺术家堕入了虚无主义、悲观主义和文化失败主义的泥潭，对人类后殖民未来充满了悲观意绪。

西方乘着全球化的翅膀开始了文化霸权的飞翔。霸权是一种在文化领域中争夺“领导权”或“控制权”的话语，将历史上属于某个阶级的意识形态扩张化，使之成为人类对西方话语权力的普遍认同。于是，话语权力不是作为强权而是作为权威而得到行施，人们的精神文化生活在不知不觉中被政治化。人类在价值崩溃中彻底地世俗化，人类精神生态失衡已经习焉不察地成为意识形态符码。

当然，在一个相互交织并消解冷战思维模式的共存时代，如果没有西方“他者”的“镜像”，我们就无法清晰地审视中国文化的“自我”。通过文化镜像深度的自我审视，将有助于把东西方文化的对抗转化为不同文化体制的创造性互动，从而使本土性真正与全球性获得整合，使中国文论创新在不断明晰丰富和深度拓展中，推进“中国形象”的立场定位。

二、从西方文论中国化到中国文论经验的世界化

全球化格局下的文学理论以建构多元多样性诗学为己任，这种多元文化观将使“汉语学界”突破西方文论的单一知识框架，重新审视东方文学传统中的文化理念和文学观念，关注中国文学在新的世界格局中的现代性诗学特征，并通过对差异性文化精神的体认，获得更为宽松多元的文化差异性结论。

事实上，在文化美学领域中国际惯例不是西方惯例，游戏规则不应该由西方单边建立；国际惯例是世界共同创造的，游戏规则是东西方共同建立的。中国美学文论应该参与到建立游戏规则的过程中去，而不能“他者”建立了规则，东方大国仅仅去遵守。只有这样，当代理论家才能不在传统和现代之间徘徊犹豫，才能不用再按照西方模式亦步亦趋，而是摆脱了模仿西方的兴趣，打破西方艺术的惯例，开始以自己的方式在精神生态中寻找中国式的文论光辉和美学神采。

当代中国美学文论流派原创、范畴创新、体系“守正创新”应该提到议事日程上来了。在中国现代性经验没有进入国际大循环，没有成为人类经验的一部分，没有引起世界充分关注的时候，中国文论“守正创新”势在必行。

三、在“守正创新”中整体展示中国美学文论大家

在全球化后现代语境中，新世纪中国文论应在当代文论流派众多的话语角逐中，超越西化跟潮的流派横向移植，超越“五四情结”的现代性诉求，

在全球化文化互动中从事中国美学播撒和新理论输出,形成中西双向的“理论旅行”。一种对等互动的“旅行”,使本土文化艺术和理论反思能够真实地发生和生成在这片厚土之中,完成从一个世纪的拿来主义之后的“文化输出”。在美学文论创作方式、本体结构、接受方式、传播机制、价值功能等方面都产生转变的时代,真正的美学文论前沿践行者,当通过自己的笔歌墨唱,为21世纪中国美学文论的自我创新和输出提供坚实的文化观念和价值重建地基。

走近经典为了继承,创意经典为了图新,美学图新为了精神原创,这表达了我对中国美学文论界整体高于并超越前人的美学观念、美学形态、文论方法、文论传播的某种文化期待。“守正创新”是生命精神喷发状态,而“原创力”是文化软实力,可以表征美学文论新的大国形象。

当代美学家文论家努力的方向是文论原创性,只有真正走近经典的美学家文论家才有可能成为时代美学文论大家,也只有不断创出新经典的原创型美学家文论家才有可能成为时代美学文论大家。可以说,在当代西方美学文论研究了30年以后,应推出一大批不断创新的中国美学文论精英。只有中国美学文论大家的国际影响力提升了,才可能从发现东方文化的精髓到推出一个新的理念——中国文论的文化输出!美学文论国际互动是新世纪中国文论的文化战略,这意味着,新世纪美学文论不仅是中国的,也应该“走出去”而成为世界的!表明从本土主义文化出发应该提出世界主义的美学文论观。

最后需要说明的是,在高水平开创性学术丛书出版困难的时期,黄山书社决定推出这套《中国当代美学家文论家评传》,令人感佩。首批推出朱光潜、宗白华、杨晦、季羡林、王元化、蒋孔阳、李泽厚、钱中文、胡经之、童庆炳等十位中国当代美学家文论家的评传。评传在“评”的方面突出对所评专家学术成果的评介，在“传”的方面则尽可能地钩沉出所评专家一些鲜为人知的人生趣事，使其呈现出浓郁的生活气息。通过丛书的出版，力求打破多年来在中西方文化交流中，中国对国外思想家了解较多，而国外对中国当代思想家却知之甚少的局面，为中国当代“文化输出”做一些推动性工作。

这套丛书的出版，不仅可以使相关领域的研究者能对这些经历了20世纪欧风美雨的中国美学家文论家的精神世界有更深入的了解，也能让更多的读者领略和认识这些跨世纪美学大家的审美风采，从而推动新世纪中国当代美学文艺学研究的国际化。

是为序。

王岳川

2015年1月8日于北京大学

目　录

自序　面向美与自由的朝圣

讨论朱光潜让我想起雅努斯，据说这位罗马的保护神有前后两个面孔或四方四个面孔，而朱光潜这位美的探索者的面孔也不少于四个：教育家、作家、美学家、翻译家。

从表面上看，美构成了朱光潜四个面孔的共同元素：作为作家，他是美文的创作者；作为美学家，他是美学的建设者；作为翻译家，他是美学经典的翻译者；作为教育家，他是美的传播者和美育的倡导者。尽管美可以统领朱光潜一生的作为，但深入抵达朱光潜内心世界的是自由。作为一位自由知识分子，无论从事教育工作还是讨论文艺之美，他都以自由为旨归。就此而言，与其说朱光潜是美的探究者，不如说他是自由的追求者。自由构成了朱光潜美学的精髓。

在不美的时代寻求美，在不自由的时代呼唤自由，他的一生便是面向美与自由的漫长朝圣。当然，他也有过偏离，却能返回正道。这使他成为一个不断修正自我的人，其修正并不限于修辞，主要体现在思想认识方面。毋庸讳言,他在特定的政治压力下曾丧失或疏远过自由,但他敢于对过去的不诚实进行修正,这意味着他仍有回归自由的勇气和力量。

除了美与自由,朱光潜的生命中还有一个关键词:字。无论是作为教育家、作家、美学家,还是翻译家,他注定是一个与字打交道的人:“我一生都在‘字’上做工夫,到现在还只能用‘字’来做这世界里面的日常交易,再造另一世界所需要的‘字’常是没到手就滑了去。圣约翰说:‘太初有字,字和上帝在一起,字就是上帝。’我能了解字的威权,可是我常慑服在它的威权之下。原来它是和上帝在一起的。”这段话表明朱光潜早就意识到了自己的天命:一个将字、美与自由融成三位一体的人,一个用字揭示美与自由的人,一个为尘世带来美并促成自由的人。

第一章　欣慨一生

被朱光潜推崇备至的陶渊明(约 365—427)在《时运》的诗序中写道:“时运,游暮春也。春服既成,景物斯和。偶景独游,欣慨交心。”对陶渊明,朱光潜并无“异代不同时”的怅惘,而是把他看成穿越时空的师友,他们如此契合,以至于朱光潜将自己的书房命名为“欣慨室”。可以说,这两个不同时代的文人分享了相似的人生体验。“欣慨交心”不同于弘一法师(1880—1942)的绝笔“悲欣交集”,尽管“欣慨”也属于两种不同的感情,但并无“悲欣”的对立性,“欣”自然对应着生活的美好,而“慨”的语义显然轻于“悲”,它只是伴随着一声叹息的感慨,对应的并非尘世的痛苦,而是人生的缺憾。在我看来,使他们“欣慨”而不至于“悲欣”的正是文人常有的超脱精神与自慰倾向。

一、时代变局中的去与从

朱光潜晚年曾感慨:“我这一辈子,什么事都遇上了。”[①]这或许是因为他和陶渊明一样,赶上了动荡的时代。朱光潜出生的第二年,清廷内部试图借助维新变法延续其统治,但不久就在辛亥革命的枪炮声中终结。中国历史上最后一个朝代和上个朝代一样在试图变革自救的道路上被摧毁。但清朝的灭亡不再是以往那种换汤不换药的改朝换代,而是在西方思潮冲击下展开的民主实践与文化更新。

(一)从时文、古文到白话文

朱光潜降生在两大传统中:一方面,他是南宋理学家朱熹(1130—1200)二十六世孙[②]。他晚年时曾多次表明自己和朱熹的精神联系:“我在做人和做学问方面都经常把姓朱的一位老祖宗朱熹的话悬为座右铭:‘半亩方塘一鉴开,天光云影共徘徊。问渠那得清如许,为有源头活水来。’关键在这‘源

---

① 朱洪著:《朱光潜大传》,人民日报出版社2012年版,第11页。
② 朱洪著:《朱光潜大传》,人民日报出版社2012年版,第13页。

头活水’，它就是生机的源泉，有了它就可以防止环境污染，使头脑清醒和不断地更新，一句话，要‘放眼世界’，不断地吸收精神营养！”①另一方面，其出生地安徽省桐城县是清代最大散文流派桐城派的发源地。

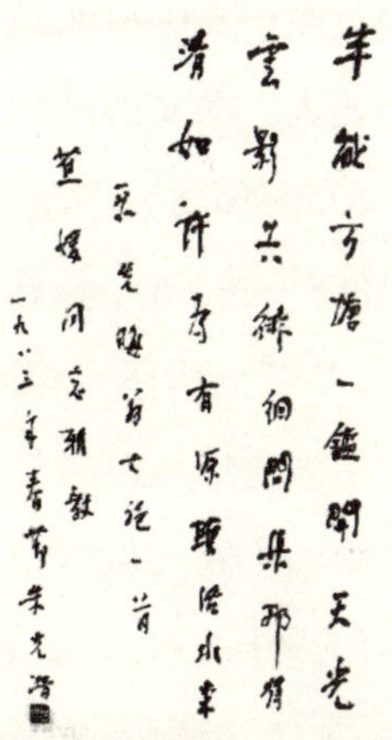

>> 朱光潜手书朱熹诗

理学以研究儒家经典的义理为宗旨，其创始人是北宋的周敦颐（1017—1073），代表人物为“二程”（程颢、程颐）和朱熹，朱熹是该派的集大成者，其思想被尊为官学，他本人被称为“朱子”（与圣人孔子并提）。程朱理学是中国封建社会后期的新儒学思想，也是元明清时期的官方哲学。元朝皇庆二年（1313 年）恢复科举，诏定以朱熹《四书章句集注》为标准取士；明洪武二年（1369 年），科举以朱熹等“传注为宗”。这种科举应试文体被称为“时文”，明清时特指八股文，是每个应试的举子必须训练的项目。

桐城派作家同样深受程朱理学的影响。方东树、姚莹、方宗诚、方潜等无不笃守程朱之道。桐城派的集大成者姚鼐（1731—1815）在《谢蕴山诗集序》中提出义理、考据、辞章三者不可偏废的主张，成为桐城派的纲领。其中的“义理”上承方苞的“义法”，实为“道”的变体。“文所以载道也”（周敦颐《通书·文辞》），“义理”即文章所载之道，其实就是程朱理学。至此，程朱理学与桐城派汇合于“义理”中。而朱光潜就出生在这个汇合里。

朱光潜的祖父朱道海为晚清贡生，他主持纂修《朱氏家谱》时曾请故人

---

① 朱光潜：《我学美学的一点经验教训》，见《朱光潜全集》第 5 卷，安徽教育出版社 1989 年版，第 533 页。不过，从“姓朱的一位老祖宗朱熹”看应是泛指，如真是他的直系祖先似不应如此表达，待考。

吴汝纶(1840—1903)写序。吴汝纶是桐城派后期的代表作家,桐城中学的创始人。朱光潜的父亲朱延香是私塾先生,母亲左东宜为明代御史左光斗(1575—1625)后裔。他有两个弟弟——朱光澄(1906—1977)、朱光泽(1908—?),五个妹妹。后来朱光潜为自己起了个笔名"孟实","孟"意为老大,"实"意为坚实、踏实,后亦用"盟石"等。

朱光潜从六岁起就跟父亲读书,学写时文,受过严格的八股文训练。他说:"我的祖父做得很好的八股文,父亲处在八股文和经义策论交替的时代。他们读什么书,也就希望我读什么书。应付科举的一套家当委实可怜,四书、五经、纲鉴、《唐宋八大家文选》、《古唐诗选》之外就几乎全是闱墨制义。"[①]所谓"制义"(或"制艺")是明清时科举考试规定的文体,即八股文,亦称时文、时艺等。从引文中不难看出这种应试型写作代代相传的轨迹以及它强大的惯性。后来让朱光潜惊奇的并非父亲对阅读书目的限制,而是"家里从没有染着一丝毫的古文派风气",直到他进入桐城中学"才知道有桐城派古文这么一回事"。考虑到祖父和吴汝纶的交谊,这简直是一种保密工作。这表明祖父与父亲都是被科举应试塑造出来的人,他们对后代的教育具有明确而单一的目的。问题是,在科举已被废除的情况下,朱延香仍教导儿子写策略经义有何意义?或许他相信科举仍有恢复的可能?多年以后,朱光潜客观地评价了八股文训练对他造成的双重效果,他从中获得的益处以及因此受到的限制:

> 我从十岁左右起到二十岁左右止,前后至少有十年的光阴都费在这种议论文上面。这训练造成我的思想的定型,注定我的写作的命运。

① 朱光潜:《从我怎样学国文说起》,见《朱光潜全集》第3卷,安徽教育出版社1987年版,第439页。

我写说理文很容易，有理我都可以说得出，很难说的理我能用很浅的话说出来。这不能不归功于幼年的训练。但是就全盘计算，我自知得不偿失。在应该发展想象的年龄，我的空洞的脑袋被歪曲到抽象的思想工作方面去，结果我的想象力变成极平凡，我把握不住一个有血有肉有光有热的世界，在旁人脑里成为活跃的戏景画境的，在我脑里都化为干枯冷酷的理。我写不出一篇过得去的描写文，就吃亏在这一点。①

1913年，进入桐城中学的朱光潜转入"古文"训练："……桐城中学。这是桐城派古文家吴汝纶创办的，所以特重桐城派古文，主要课本是姚惜抱的《古文辞类纂》，按教师的传授，读时一定要朗诵和背诵，据说这样才能抓住文章的气势和神韵，便于自己学习作文。我从此就放弃时文，转而摸索古文。"②如果说"时文"对朱光潜主要是一种思维训练的话，他写的古文已达到颇受赏识的地步，国文教师们甚至希望他可以"接古文一线之传"。对此，朱光潜也不无得意地总结了自己的古文写作经验：

那时候我的摹仿性很强，学欧阳修、归有光有时居然学得很象。学古文别无奥诀，只要熟读范作多篇，头脑里甚至筋肉里都浸润下那一套架子，那一套腔调，和那一套用字造句的姿态，等你下笔一摇，那些"骨力"、"神韵"就自然而然地来了，你就变成一个扶乩手，不由自主地动作起来。③

---

① 朱光潜：《从我怎样学国文说起》，见《朱光潜全集》第3卷，安徽教育出版社1987年版，第441页。
② 朱光潜：《作者自传》，见《朱光潜全集》第1卷，安徽教育出版社1987年版，第1页。
③ 朱光潜：《从我怎样学国文说起》，见《朱光潜全集》第3卷，安徽教育出版社1987年版，第443页。

这里的描述有点类似自动写作，灵感状态必然激发并伴随身体动作，用尼采(1844—1900)的观念来说，这就是艺术生理学。当写作沉浸到一定程度便会由主动的想象构思变成自动的身体反应，写作者就会变成扶乩手。然而朱光潜这个扶乩手很快遭到了冲击，声势浩大的新文化运动将古文以及一切文言文写作全部否定。由于《昭明文选》与桐城派散文影响极大，因此被新文化运动的倡导者钱玄同(1887—1939)批为“选学妖孽，桐城谬种”。当时，朱光潜在香港大学读书，尽管远离运动的中心，他仍感到一种破产商人般的痛苦：“我看到胡适提倡白话文的文章，心里发生过很大的动荡。我始而反对，因为自己也在‘桐城谬种’之列，可是不久也就转过弯来了，毅然决然地放弃了古文和文言，自己也学着写起白话文来了。我在美学方面的第一篇处女作《无言之美》就是用白话文写的。”[①]尽管朱光潜这时已接受科学训练，并开始研究西方学问，但他毕竟是由旧式教育培养起来的，因而不免感到自己成了“新文化运动的攻击目标”。朱光潜说：“尤其是文言文要改成白话文一点于我更有切肤之痛。”在那个时代，朱光潜的内心动荡与切肤之痛很有代表性。但是，朱光潜的超拔之处在于他不偏执：一方面，他感到了被攻击的痛苦；另一方面，他也理解新文化运动是必需的。因而在完成转向后，他仍用不偏执的态度对待文言与白话之争：一方面，他认为“白话与文言各有所长”；另一方面，他认为“白话没有和文言严密分家的可能……字与词有部分的新陈代谢，决无全部的死亡”，因而他坚持“白话文必须继承文言的遗产，才可以丰富，才可以着土生根”。此外，朱光潜还提出“适宜程度的欧化”，“采取外国文学风格和文字组织的优点，来替中国文创造一种新风格

---

① 朱光潜：《作者自传》，见《朱光潜全集》第1卷，安徽教育出版社1987年版，第2页。

和新组织”。[1] 用白话文写作，但也要借用文言词，并适宜地欧化，很显然，朱光潜分明是在设计一种理想的现代汉语，一种超越文白之争和中外之别的新型语言，一种具有包容性和表现力而且充满弹性的文学语言。事实上，作为美文家的朱光潜已经把这种理想变成了现实。

（二）从包办婚姻到师生恋[2]

1922 年夏天，已接受新式教育的朱光潜接受了父亲包办的婚姻。陈氏（约 1898—1968）比朱光潜小一两岁，家住小陈庄，离吴庄约三四里，成了朱光潜的妻子。第二年 4 月，儿子出生，朱光潜给他取名“朱世粤”，“世”是辈分，“粤”指广东，香港大学所在地。

同年夏天，朱光潜大学毕业到中国公学中学部任英语教师，他喜欢上了朱光澄所在班级的一个美丽女生——奚今吾。奚今吾，1906 年 10 月 4 日生，比朱光潜小十岁，四川南充人，其父亲奚致和（1885—1955）为实业家、教育家。

1924 年 9 月，江浙战争爆发，中国公学瘫痪，奚今吾转到江苏省立一中读书。送她到南京后，朱光潜回到老家，与陈氏谈分手，父亲大怒，声言：“你要休妻，就不要进我的家门！”最终，朱光潜选择了离开。

> 在二十余年前一个中秋前后，我乘船到上海，夜里经过焦山，那时候大月亮正照着山上的庙和树，江里的细浪像金线在轻轻地翻滚，我一个人在甲板上走，船上原是载满了人，我不觉得有一个人，我心里那时候也有那万里无云，水月澄莹的景象，于是非常喜悦，于是突然起了脱

---

① 朱光潜：《从我怎样学国文说起》，见《朱光潜全集》第 3 卷，安徽教育出版社 1987 年版，第 446 页。
② 本节诸多信息源于《朱光潜大传》相关内容，特别感谢！

离这个世界的愿望。①

我现在还记得在一个轮船上读《少年维特之烦恼》，对着清风夕照中的河山悄然遐想，心神游离恍忽，找不到一个安顿处，因而想到自杀也许是唯一的出路。②

这是朱光潜事后回忆自己从家乡到上海途中的不同情景。按他的说法，“痛苦到极点想死”，“快乐到极点也还是想死”，这分明是痛苦到极点的时刻。为了能和恋人在一起，他舍弃了旧家庭，激怒了老父亲，置身于极端的生命体验中，以致内心涌起一种宁愿死的感受。《少年维特之烦恼》这部书写追求自由恋爱却不幸遭遇失恋痛苦的作品出现在这里几乎是一种朝向自杀的潜在指引，但朱光潜最终留在了这个有人可爱的世界，继续工作、读书，追求他热爱的美。

1925 年，朱光潜赴英留学，1927 年，奚今吾亦赴法留学，在斯特拉斯堡大学读数学。为了方便和恋人相见，朱光潜在 1928 年秋转入伦敦大学，后来干脆在巴黎大学注册，并翻译了恋爱小说《愁斯丹和绮瑟》，奚今吾是第一读者，可以说朱光潜是为他们的爱情开始翻译的。1931 年 10 月，朱光潜转入斯特拉斯堡大学文学院研究所攻读博士学位，从此常和奚今吾一起散步、观剧、听音乐会。1932 年夏，朱光潜和奚今吾在伦敦举办了简单的婚礼，这对师生恋终成正果。当时，师生恋以鲁迅与许广平(1927 年)最早，还有朱光潜后来的朋友沈从文和张兆和(1933 年)。不同于一般的自由恋爱，师生恋跨越的不仅是年龄差距，更是辈分伦理的界限，因而完成的难度与产生的影响

---

① 朱光潜:《生命》，见《朱光潜全集》第 9 卷，安徽教育出版社 1993 年版，第 276 页。

② 朱光潜:《谈学文艺的甘苦》，见《朱光潜全集》第 3 卷，安徽教育出版社 1987 年版，第 341—342 页。

都更突出。朱光潜与奚今吾抗住了压力，他们显然是恋爱的真纯者。正如朱光潜所说的：“真能恋爱的人只是为恋爱而恋爱，恋爱以外，不复另有宇宙。”①

就此而言，我认为促使朱光潜研究美学的并非汤姆逊，亦非他推荐的克罗齐，而是他的爱人奚今吾。

>> 朱光潜与奚今吾（伦敦，1933）

① 朱光潜：《谈多元宇宙》，见《朱光潜全集》第 1 卷，安徽教育出版社 1987 年版，第 29 页。

朱世粤该上小学了，爷爷在送他上学的路上给他改名朱陈，他的姓加上他妈妈的姓。1933 年，朱延香去世。同年 7 月，朱光潜获得博士学位回国，扑在父亲棺材上大哭一场。从十年前朱光潜闹离婚后，他们再也没有见面。可以说，这次自由恋爱是朱光潜一生中最激烈的行动，它不像出自稳重恬淡的朱光潜，而像恋爱自由的时代精神借他身体展开的一次演习。不过，与其说它体现了"五四"时代精神，不如说它符合人性的内在需要。还要体谅的是，那些在剧烈变动的时代里被"逆子"挫伤的父亲们以及"被离婚"的无辜妇女们。像朱延香，三个儿子中有两个闹离婚，并且父子至死未再相见，这对一个父亲来说未免过于残酷。陈氏以及朱光澄的妻子杨氏，被离婚后都未再嫁，直到去世。据说杨氏终日与八哥为伍，心中究竟涌动着多少无人听取的寂寞！

（三）1949 年

朱光潜本质上是一个自由知识分子，他对现实尤其是政治常持逃避立场或超然倾向。正如他自己所说的："我虽是心向进步青年却不热心于党派斗争，以为不问政治，就高人一等。"①但他始终是一个忧虑民生国运的人，一个富于责任感和正义感的人，舍此便无以理解他为何写下那么多饱含深情的议论文字。就此而言，他和好友沈从文有相似之处。

二十世纪三四十年代中国最大的事情是抗日战争，这场战争结束之后，便是国内的解放战争。最终，共产党于 1949 年建立了中华人民共和国。1949 年，对很多中国人来说，意味着和平的来临。而对朱光潜来说，却是一次艰难的抉择：是让大势已去的国民党接走，还是留在共产党即将主政的新中国？

---

① 朱光潜：《作者自传》，见《朱光潜全集》第 1 卷，安徽教育出版社 1987 年版，第 2 页。

>> 朱光潜与家人

1948 年,共产党全胜与国民党败亡的局势已经明朗。在这个背景下,一方面是共产党文艺代言人郭沫若的檄文《斥反动文艺》(1948 年 3 月),文中将沈从文、朱光潜、萧乾(1910—1999)分别称为“桃红色”作家、“蓝色”作家和“黑色”作家。之所以将朱光潜称为“蓝色”作家,是因为国民党党旗是蓝色的,暗指朱光潜是国民党党员。另一方面是傅斯年(1896—1950)拟定的“抢救”北平文化界名流的名单,该名单分四类,朱光潜位于“因政治关系必离者”的首位,所谓政治关系指的也是他属于国民党。1942 年,朱光潜在武汉大学做教务长时加入了国民党,并任三青团中央监察委员。在共产党的声讨与国民党的拉拢之间,朱光潜居然选择了留下。多年以后(1974 年),他一面向赴台的朋友表示“当年未跟你们走”的庆幸，一面坦陈自己“当年留下确有思想顾虑”：“我当过国民党的中央常委，这是尽人皆知的。过去一个共产党员如果落到国民党手里就会关进监狱甚至砍头，这一点我是清楚的。因此，我就怕共产党用同样的办法来对待我。北京解放，我呆在北大宿舍里怀着焦急的心情坐待处理。”①

这里的用词是“顾虑”“焦急”，其实这两个词都有些轻，比较准确的词应是“恐惧”。可资为证的是，这个早年研究心理学的美学家在 1948 年 11 月 19 日发表了《谈恐惧心理》。该文从当时的群体恐慌写起，朱光潜一方面对时代心理进行深入分析，另一方面试图把它上升到理论层面：“一切惊慌恐惧都起于危险的感觉，而一切危险，分析到究竟，都是对于生命的威胁。贪生是人与一般动物的最强烈的本能。尽管一个生命如何渺小，如何苦痛，尽管它的主子有时对它如何咒骂，真正到它有丧失的危险时，它还是一种‘食之无肉，弃之可惜’的鸡肋，它的主子拼命也要把握着不放。就是这种生命的执着引起对于威胁生命的危险情境生恐惧。一切恐惧到头来只不过是‘怕死’。”②朱光潜认为恐惧与逃避本能不可分割，而在险境中恐惧只有可能性却无确定性，但恐惧感会把恐惧的对象放大，恐惧的后果不外两种，“一种是使当事者落到瘫痪状态”，“另一种是使当事者落到狂乱状态”。从表面上看，他在文中始终没谈到自己的恐惧，实际上作者已把自己的恐惧融入群体的恐惧之中，因此他对群体恐惧的分析，实际上是为了探求消除自身的恐惧的方法。至于朱光潜选择留下、承受恐惧的原因说法各异，可以肯定的是，朱光潜选择留下是出于一种综合性的考虑，任何一种孤立的说法都不成立。

---

① 朱光潜：《新春寄语台湾的朋友们》，见《朱光潜全集》第 10 卷，安徽教育出版社 1993 年版，第 424 页。

② 朱光潜：《谈恐惧心理》，见《朱光潜全集》第 9 卷，安徽教育出版社 1993 年版，第 529 页。

彼时，朱光潜不能不想起他的大女儿朱世平。由于抗战爆发，他们逃难到四川，致使两岁的朱世平夭折。这次留在北平，朱光潜显然是不想让悲剧再次发生，何况他的小女儿正在病中。因此我相信他女儿朱世乐的说法：

> 在别人看来，父亲是更有理由离开大陆选择到台湾去的，很多人都不明白他为什么留下来。这种选择，我想有很大一部分原因是因为我。当时我患骨结核，每天被固定在石膏模型里，病得十分厉害。那时候对于那种病也没有特别好的方法，只是用链霉素来治疗。链霉素都是进口的，很难买到，也很贵，一支链霉素相当于一袋白面的价钱。别人说：也就是在我们的家庭里，我才能够存活下来，一般人家，得了这种病都医治不起（作为教授，父亲当时的工资是很高的）。医生认为，我的身体状况不适合移动。就这样，父亲和母亲想了半天，觉得我的身体不行，受不了旅途的颠簸。也就是在那个时候，蒋介石派了飞机接一些教授离开北京，其中包括父亲。父亲当时的心情很矛盾：如果不走的话，在共产党的眼里他当然是反动的；但是要走的话，我的身体又是一个问题，同时，他也不愿意做寄居在别的国家的“寓公”，另外，共产党也派了一些地下工作者动员父亲留下来，说他会有很好的前途。当时的很多人都被动员过，包括沈从文伯伯。就这样，父亲留了下来，留在北京。[①]

北平和平解放的时间是1949年1月31日。3月9日，朱光潜的好友沈从文因承受不了压力试图割腕自杀，幸亏发现及时，被抢救过来，但他仍把

---

① 朱世乐口述、陈远整理：《朱光潜：在不美的年代里》，见《在不美的年代里》，重庆出版社2011年版，第125页。

医院当成牢狱，惊叫“他们要迫害我”[①]。或许沈从文的情况属于“使当事者落到狂乱状态”。但朱光潜并未落到“瘫痪状态”，他恐惧的情况并未发生。2月28日，北大接受军事管制，朱光潜的西语系主任职务被解除，并被要求到公安机关登记，宣告脱离国民党。他先是接受八个月的政治管制，随后就恢复上课了。11月27日，朱光潜在《人民日报》发表《自我检讨》。这是新中国成立后朱光潜的名字第一次出现在报刊上，也是他思想改造的开端。此后引出一系列文章官司，包括美学论争，在“反右”与“文革”中，朱光潜更是难以幸免。用他女儿朱世乐的话说，“解放之后，父亲成了各次运动当然的‘运动员’”。女儿曾问父亲留在大陆是否后悔，朱光潜回答：“不后悔。对于自己的事情，如果是你应该负责的，那就没有什么后悔的。”

我倾向于认为朱光潜留在大陆是一个自由知识分子的选择。也就是说，他并不太在意哪个党主政。尽管他曾经加入国民党，却是被迫的，而且他对国民党统治的批判也常见诸报端。换句话说，朱光潜之所以没有离开北平，也是因为他并非国民党的追随者，至少他不信任，也不看好他们的前景。从根本上说，朱光潜的这次选择仍然体现了他作为美学家的超然本色。

二、文艺的观世法

朱光潜的精神世界幽深无际，但又部分地呈现在这个真诚作者的词语组合里。其精神的复杂性在于它们往往相反相成：“我能感伤也能冷静，能认真也能超脱。能应俗随时，也能潜藏非尘世的丘壑。”[②]朱光潜一面倡导人

---

① 吴立昌：《“人性的治疗者”·沈从文传》，上海文艺出版社1993年版，第274页。

② 朱光潜：《从我怎样学国文说起》，见《朱光潜全集》第3卷，安徽教育出版社1987年版，第450页。

生的艺术化，一面坚持文艺的观世法。前者力求把人生转化为艺术，后者则用观赏艺术的方法对待人生。1980 年，朱光潜撰文纪念弘一法师时说：“我自己在少年时代曾提出‘以出世精神做入世事业’作为自己的人生理想，这个理想的形成当然不止一个原因，弘一法师替我写的《华严经》偈对我也是一种启发。”[①]“以出世精神做入世事业”体现的是儒道佛互补，可以说正是出世精神的超脱和入世事业的执着使朱光潜的一生充满了欣慨。朱光潜最早探讨超脱问题是 1923 年写《消除烦闷与超脱现实》。文中他提出三条超脱途径：宗教、美术、童心。[②] 朱光潜虽然潜心读经，却不曾皈依宗教，而是终生与诗为侣。因而，在 1924 年写的《无言之美》中，他就这样说：“我们处世有两种态度，人力所能做到的时候，我们竭力征服现实。人力莫可奈何的时候，我们就要暂时超脱现实，储蓄精力待将来再向他方面征服现实。超脱到那里去呢？超脱到理想界去。”[③]理想界是什么呢？就是他所谓的情趣和意象融合的文艺世界。

>> 朱光潜

朱光潜晚年为《悲剧心理学》中译本作序时（1982），回顾并梳理他一生的思想来源，说了一番很有自知之明的话：“一般读者都认为我是克罗齐式

① 朱光潜：《以出世的精神，做入世的事业》，见《朱光潜全集》第 10 卷，安徽教育出版社 1993 年版，第 525 页。
② 朱光潜：《消除烦闷与超脱现实》，见《朱光潜全集》第 8 卷，安徽教育出版社 1993 年版，第 91—95 页。
③ 朱光潜：《无言之美》，见《朱光潜全集》第 1 卷，安徽教育出版社 1987 年版，第 67 页。

的唯心主义的信徒,现在我自己才认识到我实在是尼采式的唯心主义信徒。在我心灵里植根的倒不是克罗齐的《美学原理》中的直觉说,而是尼采的《悲剧的诞生》中的酒神精神和日神精神。”①这是十分切实的自我评价。朱光潜在他的著作里反复谈到尼采的酒神精神和日神精神,这两种精神“一静一动,一冷一热,一旁观,一表演”,铸成了他一生的行为模式:“我有两种看待人生的方法。在第一种方法里,我把我自己摆在前台,和世界一切人和物在一起玩把戏;在第二种方法里,我把我自己摆在后面,袖手看旁人在那儿装腔作势。”②在阿波罗和狄俄尼索斯之间,朱光潜倾向于做一个冷静的旁观者。他说:

> 我本是世界大舞台里的一个演员,却站在台下旁观喝采。遇着真正的曹操,我也只把他当作扮演曹操的角色看待,是非善恶都不成问题,嗔喜毁誉也大可不必,只觉得他有趣而已。我看自己也是如此,有时猛然发见自己在演小丑,也暗地里冷笑一阵。③
>
> 是非善恶对我都无意义,我只觉得对着这些纷纭扰攘的人和物,好比看图画,好比看小说,件件都很有趣味。……有些有趣味,是因为它们带有很浓厚的喜剧成分;有些有趣味,是因为它们带有很深刻的悲剧成分。④

这种趣味主义观念使朱光潜的人生充满了趣味,他对文艺非功利性的内心期许和对文艺道德性的轻松戏噱由此可见一斑。

---

① 朱光潜:见《朱光潜全集》第2卷,安徽教育出版社1987年版,第210页。
② 朱光潜:《谈人生与我》,见《朱光潜全集》第1卷,安徽教育出版社1987年版,第57页。
③ 朱光潜:《谈学文艺的甘苦》,见《朱光潜全集》第3卷,安徽教育出版社1987年版,第344页。
④ 朱光潜:《谈人生与我》,见《朱光潜全集》第1卷,安徽教育出版社1987年版,第59页。

新中国成立前夕，朱光潜写了《看戏与演戏——两种人生理想》(1947)，把他的趣味主义人生观推演到哲学的高度。关于儒道，他说："就大体说，儒家能看戏而却偏重演戏，道家根本藐视演戏，会看戏而却也不明白地把看戏当作人生理想。"柏拉图是第一个"以看戏人的态度体验事物的真相与真理"的哲学家。殊途同归，亚里士多德的哲学是"人生的最高目的在看而不在演"。叔本华的哲学是"人生的苦恼起于演，人生解脱在看"。在尼采那里，"日神是观照的象征，酒神是行动的象征"。对荣格而言，"内倾者生来爱看戏，外倾者生来爱演戏"。朱光潜就这样把中外哲学都整合到他的"看戏与演戏"理论中了。无论在现实生活还是文艺创作中，朱光潜都倾向于看，并与《步行》的作者斯蒂文森合称为"我们这批袖手旁观的人们"。相应地，他认为"观照(这其实就是想象，也就是直觉)是文艺的灵魂"。因而，文艺活动是"以酒神精神沉没于日神精神，以行动投影于观照"，"日神酒神融合说仍以看为归宿"，"诗人和艺术家们也往往以观照为人生的归宿"。①

至于这种冷静旁观者的趣味主义人生观的成因，朱光潜说并非来自科学的训练，而是源于文艺的教导，因而把它称为"文艺的观世法"：

> 凡是不能持冷静的客观的态度的人，毛病都在把"我"看得太大。他们从"我"这一副着色的望远镜里看世界，一切事物于是都失去它们本来的面目。所谓冷静的客观的态度，就是丢开这副望远镜，让"我"跳到圈子以外，不当作世界里有"我"而去看世界，还是把"我"与类似"我"的一切东西同样看待。这是文艺的观世法，这也是我所学得的观世法。我现在常拿看画的方法看一片园林或一座房屋，拿看小说或戏

① 朱光潜：《看戏与演戏》，见《朱光潜全集》第9卷，安徽教育出版社1993年版，第257—271页。

剧的方法看一对男女讲恋爱或是两个老谋深算的人斗手腕。①

由此可见,“文艺的观世法”就是用观看文艺作品的方式看待现实人生。这种观世法及其体现的趣味主义观念贯穿了朱光潜的一生,并使他不陷入悲观,而是超然地看待一切,即使在“文革”期间被批判时也是如此。据耿鉴庭(1915—1999)回忆:“在挨斗的四人中,翦伯赞、冯定、冯友兰三教授都怒形于色,朱光潜先生则显出生死置之度外的从容神态。”②而季羡林则提到他在牛棚里锻炼身体的情景:“孟实先生在棚里的一件小事,我却始终忘不了。他锻炼身体有一套方术,大概是东西均备,佛道沟通。在那种阴森的生活环境中,他居然还在锻炼身体,我实在非常吃惊,而且替他捏一把汗。”③这些表现就像他说过的那句话:“我无论站在前台或站在后台时,对于失败,对于罪孽,对于殃咎,都是一幅冷眼看待,都是用一个热心惊赞。”④可以说,这正是朱光潜作为一个旁观者的趣味主义人生观的典型体现。

三、陶渊明:还原或重构

朱光潜著述丰厚,但自传性文字很少。除了少数直接介绍自己的文字以外,可以说《陶渊明》是一篇接近于朱光潜别传的文章。在这篇讨论他最喜爱的诗人的文章中,到处晃动着他自身的影子,或者说是“理想的自我”。陶渊明是朱光潜从前世找到的另一个自己,或者说这篇文章中的陶渊明是

① 朱光潜:《谈学文艺的甘苦》,见《朱光潜全集》第3卷,安徽教育出版社1987年版,第343—344页。
② 耿鉴庭:《朱光潜先生二三事》,见《朱光潜纪念集》,安徽教育出版社1987年版,第105页。
③ 季羡林:《他实现了生命的价值》,见《朱光潜纪念集》,安徽教育出版社1987年版,第28页。
④ 朱光潜:《谈人生与我》,见《朱光潜全集》第1卷,安徽教育出版社1987年版,第61页。

由朱光潜塑造出来的。在某种程度上,《陶渊明》是朱光潜的今生与前世相遇的结晶。换句话说,朱光潜笔下的陶渊明是他把自身与历史上的陶渊明叠加的结果,是他对陶渊明的还原或重构,而在还原与重构之间有时并不能找到明确的界限。

在文中,朱光潜首先结合相关文献梳理了陶渊明的家世生平,这一部分主要是还原工作,与朱光潜本人的关系不大。谈到陶渊明的思想时,朱光潜引用了陈寅恪《陶渊明之思想与清谈之关系》中的一段话,陈寅恪(1890—1969)认为陶渊明创设了"新自然说",其思想是"实外儒而内道,舍释迦而宗天师者也"。[①] 朱光潜对此有所质疑,他以为从陶渊明心中"可以发现儒家的成分,也可以发现道家的成分,不见得有所谓内外之分,尤其不见得渊明有意要做儒家或道家。假如说他有意要做某一家,我相信他的儒家的倾向比较大"[②]。关于陶渊明的思想,古人已有不同的看法。朱熹说"靖节见趣多是老子","旨出于老庄"。真西山则说:"渊明之学正自经术中来。"朱光潜大致是调和者,他认为陶渊明是兴趣主义者,并非"有系统的专门学者"。这可能比较符合实际,但他认为陶渊明的思想"儒家的倾向比较大",在很大程度上是自我的投射,至少符合他"以出世的精神,做入世的事业"之信条,这应该属于对陶渊明的重构。事实上,陶渊明的思想问题应结合其不同的时期而论,如果就整体而言,很难说一个拒不出仕的隐士有较多的儒家思想成分。陈寅恪所谓的"外儒而内道"其实是强调陶渊明的道家思想重于儒家思想,这符合他后期的隐居生涯。此外,朱光潜也不同意陈寅恪关于陶渊明不受佛家影响的说法。或许朱光潜误解了陈寅恪的意思。陈寅恪说的是"舍释

---

① 朱光潜:《诗论》,见《朱光潜全集》第3卷,安徽教育出版社1987年版,第254页。

② 朱光潜:《诗论》,见《朱光潜全集》第3卷,安徽教育出版社1987年版,第254页。

迦而宗天师者也”,这句话应理解成陶渊明思想转变的过程,而不是说陶渊明根本没有佛家思想。

谈到陶渊明的情感生活,朱光潜认为诗人的思想“未必是有方法系统的逻辑的推理,而是从生活中领悟出来,与感情打成一片,蕴藏在他的心灵的深处,到时机到来,忽然迸发,如灵光一现,所以诗人的思想不能离开他的情感生活去研究”。尽管陶渊明富于智慧,但朱光潜认为“诗主要地是情感而不是思想的表现。因此,研究一个诗人的感情生活远比分析他的思想还更重要”。在朱光潜看来,陶渊明“和我们一般人一样,有许多矛盾和冲突;和一切伟大的诗人一样,他终于达到调和静穆”[①]。和阮籍、李白等人一样,陶渊明饮酒成癖,朱光潜认为陶渊明从冲突达到调和并非由于饮酒,而是由于“他的极丰富的精神生活,尤其是他的极深广的同情”:“我们一般人的通病是囿在一个极狭小的世界里活着,狭小到时间上只有现在,在空间上只有切身利益相关系的人与物。”而“渊明象一切其他大诗人一样,有任何力量不能剥夺的自由”。不难看出,这里的“自由”正是朱光潜与陶渊明的契合点,尽管朱光潜未以选择归隐的方式成全自由,但他们都“有任何力量不能剥夺的自由”精神。在朱光潜看来,陶渊明正是凭借自由打破了现在的界限而游心于千载,发现了许多可“尚友”的古人:一种是固守穷节的隐士,一种是亡国大夫积极或消极地抵抗新朝、替故主复仇的忠臣侠士。朱光潜认为陶渊明属于后者,他有侠气,但未必存心为晋报仇,因为“他不是一个行动家”。至于他终身不仕,“一半固由于不肯降志辱身,一半也由于他惯尝了‘樊笼’的滋味,要‘返自然’,庶几落得一个清闲”[②]。可以说,这是两颗心的遥相呼应,

---

① 朱光潜:《诗论》,见《朱光潜全集》第3卷,安徽教育出版社1987年版,第256页。

② 朱光潜:《诗论》,见《朱光潜全集》第3卷,安徽教育出版社1987年版,第258页。

朱光潜对陶渊明的同情与理解自然也显示了他自己的心迹。在这里,对陶渊明的还原与重构几近叠合。

关于陶渊明的诗歌,朱光潜认为:“渊明打破了现在的界限,也打破了切身利害相关的小天地界限,他的世界中人与物以及人与我的分别都已化除,只是一团和气,普运周流,人我物在一体同仁的状态中各徜徉自得,如庄子所说的‘鱼相与忘于江湖’。他把自己的胸襟气韵贯注于外物,使外物的生命更活跃,情趣更丰富;同时也吸收外物的生命与情趣来扩大自己的胸襟气韵。这种物我的回响交流,有如佛家所说的‘千灯相照’,互映增辉。所以无论是微云孤鸟,时雨景风,或是南阜斜川,新苗秋菊,都到手成文,触目成趣。渊明人品的高妙就在有这样深广的同情;他没有由苦闷而落到颓唐放诞者,也正以此。……自然景物在渊明诗中向来不是一种点缀或陪衬,而是在情趣的戏剧中扮演极生动的角色,稍露面目,便见出作者的整个的人格。”[①]这段论述是朱光潜用他的“境界”说对陶诗进行的精彩分析,它揭示了陶诗与陶渊明的密切关系,从而表明陶诗的高超技艺源于其深厚的人格涵养和丰富的精神生活。

陶渊明是个什么样的人呢?有人看出他隐逸的一面,有人看出他忠贞的一面。朱光潜认为:“在隐与侠以外,渊明还有极平常的一方面……渊明的特色是在处处都最近人情,胸襟尽管高超而却不唱高调。”接着从他对人的热情,尤其是对子女的慈爱方面进行了分析,认为“渊明的伟大处就在他有至性深情,而且不怕坦白地把它表现出来”。然后引陶诗《时运》序中的“欣慨交心”四字做了如下总结:“他有感慨,也有欣喜;惟其有感慨,那种欣喜是由冲突调和而彻悟人生世相的欣喜,不只是浅薄的嬉笑;惟其有欣喜,

① 朱光潜:《诗论》,见《朱光潜全集》第3卷,安徽教育出版社1987年版,第259页。

那种感慨有适当的调剂，不只是奋激佯狂，或是神经质的感伤。”[1]可以说，“欣慨交心”这四个字道出了朱光潜与陶渊明共同的人生经验，在此他们完全叠合。

诗如其人。朱光潜总结陶诗的风格是“平、淡、枯、质，又在奇、美、腴、绮”。他认为把这两组恰恰相反的性质调和在一起是陶诗的奇迹：“陶诗的特色正在不平不奇，不枯不腴，不质不绮，因为它恰到好处，适得其中；也正因为这个缘故，它一眼看去，却是亦平亦奇、亦枯亦腴、亦质亦绮。这是艺术的最高境界。可以说是‘化境’。”最后他对陶渊明在文学史上的地位做了如下概括：“渊明在中国诗人中的地位是很崇高的。可以和他比拟的，前只有屈原，后只有杜甫。屈原比他更沉郁，杜甫比他更阔大多变化，但是都没有他那么醇，那么炼。屈原低徊往复，想安顿而终没有得到安顿，他的情绪、想象与风格都带着浪漫艺术的崎岖突兀的气象；渊明则如秋潭月影，澈底澄莹，具有古典艺术的和谐静穆。杜甫还不免有意雕绘声色，锻炼字句，时有斧凿痕迹，甚至有笨拙到不很妥帖的句子；渊明则全是自然本色，天衣无缝，到艺术极境而使人忘其为艺术。”[2]这不仅是朱光潜对陶渊明的高度推崇，也显示了他对陶渊明的偏爱，可以说这是他对另一个“我”无保留的认可与赞颂。

四、同代人

朱光潜一生好友众多，这里无意全面讨论他的朋友圈，而是从中选择几

① 朱光潜：《诗论》，见《朱光潜全集》第3卷，安徽教育出版社1987年版，第263页。
② 朱光潜：《诗论》，见《朱光潜全集》第3卷，安徽教育出版社1987年版，第266页。

个有代表性的人物，考察他们在相同时代的不同选择，通过他人从某些侧面增进对朱光潜的认识与理解。

>> 朱光潜与沈从文(1982)

先看朱光潜(1897—1986)与沈从文(1902—1988)。沈从文比朱光潜小5岁，但比朱光潜晚去世2年，两人不仅同代，而且几乎同龄。从表面上看，他们最大的差异是所受的教育：朱光潜接受了完备的现代教育，在欧洲获得博士学位；而沈从文只读到小学，在长期北漂中刻苦自学，通过写作获得认可并逐渐产生影响，他的小说像朱光潜的《给青年的十二封信》一样成为畅销书。事实上，无论在求学或教学时，朱光潜都是崇尚自学的，在一篇鼓励社会青年在困境中进行自我教育的文章中，他就是以沈从文为例的。与沈从文的不同之处在于，朱光潜始终拥有一个相对稳定的校园环境；而沈从文早期就把社会作为一部大书来经历并阅读。写作成功后，沈从文也进入校园，拥有了和朱光潜一样的环境。两人先后成为北京大学教授，成为同事，主持或参与过"读诗会"，同时编辑过《文学杂志》等报刊，成为京派代表人物。据朱光潜晚年回忆："在从文的最亲密的朋友中我也算得一个，对他的人格我倒有些片面的认识。在解放前的十几年中，我和从文过从颇密，有一段时间我们同住一个宿舍，朝夕生活在一起。他编《大公报·文艺副刊》，我编商务印书馆的《文学杂志》，把北京的文人纠集在一起，占据了这两个文艺阵地，因此博得了所谓'京派文人'的称呼。"①在思想上，他们都崇尚独立自由，属于当时典型的自由知识分子，但朱光潜以美学家著称，沈从文以小说家著称。20 世纪 40 年代末，他们都面临着巨大的政治压力，但都选择了留在北平。在此期间，沈从文精神崩溃，自杀未遂。而朱光潜则体现出强大的承受力，他真诚地接受思想改造，认真学习马克思主义理论，并对自己以前的美学思想进行了自我批判，积极投身于新美学的建设中。而沈从文则在康复后告别文坛，转行到博物馆工作。值得讨论的是，朱光潜为何具有如此强大的承受力，让他得以度过声势凌厉的政治讨伐。按说，沈从文是无党派人士，而朱光潜是国民党党员，并任国民党中央监察委员，他的压力应该更大。郭沫若在《斥反动文艺》中将沈从文和朱光潜分别称为"桃红色"作家和

---

① 朱光潜：《从沈从文先生的人格看他的文艺风格》，见《朱光潜全集》第 10 卷，安徽教育出版社 1993 年版，第 491 页。

"蓝色"作家。所谓"蓝色"是国民党党旗的颜色,暗指朱光潜是国民党党员。所谓"桃红色"无非是色情而已。就此而言,沈从文的崩溃源于他在政治高压下的极度敏感,而朱光潜则克服或部分克服了由政治压力造成的恐惧。历经多次磨难之后,这对老朋友得以重逢。彼时的朱光潜毅然成了批评家,在思想依然禁锢的年代,为老朋友的文学成就声言,认为他"唱出了旧一代知识分子的心声",尤其好评了沈从文供奉人性的"希腊小庙",坚信"在世界文学史上终会有他的一席地",并"有把握地预言从文的文学成就,历史将会重新评价"。① 事实证明,这是很准确的预言,而且很快就变成了现实。可惜的是,1988 年,诺贝尔文学奖要颁发给沈从文时,他却去世了。

再看朱光潜与朱自清(1898—1948)。朱自清比朱光潜小 1 岁,却英年早逝,只活了 50 岁,大体上是朱光潜的半寿。他们从在春晖中学任教时就是同事:"在文艺界的朋友中,我认识最早而且得益也最多的要算佩弦先生。那还是民国十三年夏季,吴淞中国公学部因江浙战事停顿,我在上海闲着,夏丏尊先生邀我到上虞春晖中学去教英文。当时佩弦先生正在那里教国文。学校范围不大,大家朝夕相处,宛如一家人。"②后来朱光潜任北京大学教授,朱自清任清华大学教授。朱自清多次为朱光潜的作品写序,而且往往是朱光潜的作品尚未出版,就会得到朱自清的评价和意见,可以说二人关系异常亲密:"佩弦先生和我同姓,年龄相差一岁,身材大

>> 朱自清

① 朱光潜:《〈凤凰〉序》,见《朱光潜全集》第 10 卷,安徽教育出版社 1993 年版,第 616 页。
② 朱光潜:《敬悼朱佩弦先生》,见《朱光潜全集》第 9 卷,安徽教育出版社 1993 年版,第 487 页。

小肥瘦相若，据公共的朋友们说，性格和兴趣也颇相似。这些偶合曾经引起了不少的误会，有人疑心他和我是兄弟……”[1]可以说“二朱”既是教育同行，又是文艺兄弟，还是具有正义感的自由主义者。不过，朱光潜以美学家出名，朱自清以散文家出名。相比而言，朱自清性情耿介。一个标志性的事件是，他曾在《抗议美国扶日政策并拒绝领取美援面粉宣言》[2]（1946）上签字，并嘱告家人不买配售面粉，两年后因胃病逝世。后来，毛泽东（1893—1976）在《别了，司徒雷登》（1949）中对他和闻一多（1899—1946）给予高度评价：“闻一多拍案而起，横眉怒对国民党的手枪，宁可倒下去，不愿屈服。朱自清一身重病，宁可饿死，不领美国的救济粮。”尽管朱自清并非饿死的，但他确是有气节的人。而朱光潜没有那么多子女，经济条件也比较优越。更重要的是，他不极端，可以随时势的变化而变通，因而能够经历包括“文革”在内的多次磨难而剩存；如果朱自清活到“文革”时期，他的命运很可能会与老舍和傅雷相似。

>>梁宗岱

再看朱光潜与梁宗岱（1903—1983）。这两位翻译家在法国留学时即相识，回国后同时任教于北京大学，合住在慈慧殿3号。梁宗岱以好争辩著称，他说：“朱光潜先生是我的畏友，可是我们意见永远是分歧的。五六年前在欧洲的时候，我们差不多没有一次

① 朱光潜：《敬悼朱佩弦先生》，见《朱光潜全集》第9卷，安徽教育出版社1993年版，第491页。

② 宣言内容：“为反对美国之扶日政策，为抗议上海美国总领事卡德和美大使司徒雷登对中国人之污蔑侮辱，为表示中国人民之尊严和气节，我们断然拒绝美国具有收买灵魂之一切施舍之物资，无论购买的或给予的。下列同人同意拒绝购买美援平价面粉，一致退还配给证，特此声明。”

见面不吵架。去年在北京同寓，吵架的机会更多了：为字句，为文体，为象征主义，为‘直觉即表现’。”①梁宗岱的好争辩源于他极强的个性，他曾四次拒绝蒋介石的接见（朱光潜曾两次受到蒋介石接见），并拒绝了“参加国民党，当中央立法委员”的邀请。这些都比朱光潜做得决绝，可以说他是个彻底的自由主义者。在婚姻方面，梁宗岱也是波澜迭起，与包办结婚的原配何氏离婚（当时朱光潜是他的离婚谈判代表）；与法国姑娘安娜相恋并因回国主动和她分手；与才女沉樱（1907—1988）结婚，又因爱上粤剧花旦甘少苏而与沉樱离婚。在翻译方面，梁宗岱的成就主要在文学翻译方面。他译的《莎士比亚十四行诗》被誉为“莎士比亚十四行诗的最佳翻译”，并因《陶潜诗选》法译本与保尔·瓦雷里、罗曼·罗兰结下友谊。梁宗岱去世后，朱光潜撰挽联：“毕生至亲，既丧逝者行门念；好诗良药，长留德泽在人间。”

最后看朱光潜与宗白华。这两位美学家生于同年（1897），死于同岁（1986），而且都是安徽人。尽管他们早年并无交集，但大体走过了相似的道路：赴欧留学，做编辑，当教师，搞翻译。宗白华早年是诗人，他留学的地方是德国，在时间上比朱光潜早5年，从1920年到1925年，大体上宗白华留学结束时朱光潜留学开始。宗白华在法兰克福大学与柏林大学学习哲学与美学，但未像朱光潜那样写外语博士论文并获

>> 宗白华

① 梁宗岱著：《诗与真》，中央编译出版社2006年版，第124页。

得学位。回国后,宗白华任教于东南大学哲学系,该校 1928 年改名为中央大学,1949 年又改名为南京大学。1952 年院系调整,南京大学哲学系合并到北京大学,他和朱光潜成了同事,但似乎没有迹象表明他们之间有密切交往。他们被誉为“美学的双峰”,对中国现代美学做出了重要贡献。朱光潜致力于推进中国美学的理性化进程,并将“境界”说发展成了“情趣”说;相对而言,宗白华则乐于“美学的散步”,维护感性美学的传统品格与自由精神,坚持用意境理论阐释中国艺术的深邃之美。

第二章　教育家

很多人知道朱光潜是个美学家，一部分人知道他是个翻译家，但很少有人知道他是个教育家。可以说，朱光潜一生不是在接受教育，就是在推行教育。在漫长的教学实践中，他提出的许多教育思想尚未得到有效的梳理。尤其值得注意的是，他推行教育的形式多样，既有通常的学校教育，也有通过创作与编辑展开的非常教育，即文学教育、审美教育与情感教育。这就使他突破了狭小的校园空间，用文字影响社会上的广大青年，并因此赢得“青年导师”的称号。就此而言，畅销书作家与编辑家都服务于并强化了他的教育家身份。广而言之，朱光潜的美学与诗学研究，以及翻译、述评和编著都包含着创建或拓展新学科、改善国民思维结构的教育目的。之所以把朱光潜的批评也放在这里谈论，是因为他的批评并不限于文学与美学理论上的探讨，还具有纵论时局、澄清现实的意义，可以说它从另一个方面延伸了朱光潜的美学教育，因而对时人与后人也有一定的教育价值。总体来说，朱光潜将教师与学生的对话模式推广到作者与青年读者的关系中，推广到编辑与读者的关系中，推广到社会公民与最高当局的关系中。可以说，这种对话意识和对话模式贯穿了他作为教师、作家、主编和公民的全部生活。

一、从教生涯与教育之道

(一)从小学教师到大学教授

生活在一个新旧文化交替的时代，朱光潜接受了各式教育。从老家的私塾子弟到留学英法的洋博士，可以说朱光潜是一个接受了完备教育的人。其简要情况如下：

1903 年，随父入私塾读书。

1913 年，入桐城中学，1916 年毕业，在家乡当了半年小学教员。

1917 年，考入国立武昌高等师范学校国文系。

1918 年，被选派至香港大学，经复试后于第二年进入教育系就读。

1923 年，获香港大学文学学士学位，应张东荪之邀到上海吴淞中国公学中学部教英文。

1924年，因江浙战争爆发，由夏丏尊介绍到浙江上虞白马湖春晖中学教英文。

1925年，因不满春晖中学校长的专制作风，与匡互生去上海创办立达学园。考取安徽官费留学，入爱丁堡大学文科学习。

1928年，获爱丁堡大学文科硕士学位。

1931年，在斯特拉斯堡大学文学院注册。

1933年，获文学博士学位。7月回国，被胡适聘为北京大学西语系教授。

1937年，北平沦陷后南下，应聘为四川大学文学院院长兼英文系主任。

1938年，因反对程天放接长四川大学而辞职。至四川乐山的武汉大学任外文系教授。

1942年，任教务长兼外文系主任，并加入国民党。

1946年，返回北平，任北京大学西语系教授兼主任。

1960年，北大哲学系成立美学教研室，从西语系调到哲学系，主讲“西方美学史”。

1985年，香港大学授予朱光潜名誉文学博士学位，这是香港大学授予中国大陆学者的第一个荣誉学位。

从这个简表来看，朱光潜的受教期长达三十年(1903—1933)。从1933年(36岁)起，他才真正完成从学生到教师的转变。值得考察的一个问题是他是何时退休的。1979年他在给章道衡的信里说“尚勉强带两名研究生”，[①]1980年在致陈望衡的信里说他“今后不招研究生”[②]。1979年他带的研究生之一为凌继尧，他的关门弟子，毕业于1981年。在《略谈维柯对美学

① 朱光潜：《致章道衡》，见《朱光潜全集》第10卷，安徽教育出版社1993年版，第452页。

② 朱光潜：《致陈望衡》，见《朱光潜全集》第10卷，安徽教育出版社1993年版，第488页。

>>1976 年冬朱光潜在万寿山顶

界的影响》(1983)这篇向学界告别的演讲中,他说:“我今年已 86 岁,早就该退休了。我已向北京大学和中国社会科学院正式申请退休。”①这表明他的退休时间是 1983 年。这样算起来,他的执教期(1933—1983)为半个世纪。两者相加,朱光潜的教育之路长达 80 年。因此,说他是个终身教育者也不为过。

考察朱光潜 36 岁前的受教与执教道路,可以看出他的教与学呈交错状态。也就是说,他很早就做过教师,然后又不断重做学生。在求学方面,其重要节点是:1903 年发蒙,1918 年入香港大学,1925 年赴欧留学;在任教方面,1916 年是小学教师,1922 年是中学教师,1933 年后成为大学教授。这种交错式教学给朱光潜带来的一个收益是,在最终告别学生生涯后,他成了一个训练有素的自我教育者。

在求学方面,朱光潜经历了三个重要节点,可以说,每个节点对他都是一个新起点。首先是 1903 年的发蒙。这是在私塾里完成的,朱光潜接受的私塾教育约等于家庭教育,因为私塾教师就是他父亲:“我在十五岁左右才进小学,以前所受的都是私塾教育。从六岁起读书,一直到进小学,我没有

① 朱光潜:《略谈维柯对美学界的影响》,见《朱光潜全集》第 10 卷,安徽教育出版社 1993 年版,第 666 页。

从过师,我的唯一的老师就是我的父亲。”①

其次是入读香港大学(1918—1922),朱光潜称它为“生平一个大转机”:“假若没有得到那个机会,说不定我现在还是冬烘学究。”②更重要的是,朱光潜在该校读的是教育系,可以说这是他作为教育家的起点:“从一九一八年到一九二二年,我就在这所英国人办的大学里学了一点教育学,但主要地还是学了英国语言和文学,以及生物学和心理学这两门自然科学的一点常识。这就奠定了我这一生教育活动和学术活动的方向。”③这段文字中最值得注意的是最后一句,在香港大学的学习奠定了朱光潜一生教育活动的方向。按朱光潜的说法,当时他最用功的是英国语言和文学,而且毕业时获得的也是文学学士学位,这为他后来的文学教育打下了基础。同时,还有必要强调一下心理学,因为它对文学与教育学都有促进作用。从心理学的角度讨论教育学,是朱光潜的一个基本切入点。

最后是赴欧留学(1925—1933)。朱光潜在英国爱丁堡大学选修了“英国文学、哲学、心理学、欧洲古代史和艺术史”,获得该校文科硕士后,又在伦敦大学选修莎士比亚,在巴黎大学选修“艺术心理学”,最后在斯特拉斯堡大学以英语论文《悲剧心理学》获得博士学位。

> 在英法留学八年之中,听课、预备考试只是我的一小部分的工作,大部分的时间都花在大英博物馆和学校的图书馆里,一边阅读,一边写作。原因是我一直在闹穷,官费经常不发,不得不靠写作来挣稿费吃饭。同时,我也发现边阅读、边写作是一个很好的学习方法。这样学习

① 朱光潜:《从我怎样学国文说起》,见《朱光潜全集》第3卷,安徽教育出版社1987年版,第439页。
② 朱光潜:《从我怎样学国文说起》,见《朱光潜全集》第3卷,安徽教育出版社1987年版,第444页。
③ 朱光潜:《作者自传》,见《朱光潜全集》第1卷,安徽教育出版社1987年版,第2页。

比较容易消化，容易深入些。①

朱光潜的这个总结表明此时他已经成为一个成功的自我教育者：听课少、自学多，并且读写结合，变读为写，以写促读。尤其值得注意的是，朱光潜这时的写作其实是讲课的变体：尽管脱离了校园和学生，他仍习惯于和青年人保持联系，进行交流，向他们传授自己赴欧以后获得的新经验。②

朱光潜最早做教师是1916年，桐城中学毕业后，他到桐城北30里的大关私立崇智高等小学堂(今大关中心小学)教书③。这是他教学生涯的开始。1943年，朱光潜给一个青年人写信，鼓励他做中小学教师。在朱光潜心目中，中小学教师的意义甚至超过大学教师，他说“大学生在初入学时，大半都已经在中小学时代被教坏了”，改造起来很难。所以“中小学教师对于树人大业所负的责任，比大学教授所负的责任还大得多”。而且他认为当中小学教师更有趣：

> 就个人经验说，我当过大学教师，当过中学教师，也当过小学教师，前后比较起来，我觉得当小学教师比当中学教师有趣，当中学教师也比当大学教师有趣。原因很简单，从小学生到大学生，天真纯朴的气象逐渐减少，情感也逐渐凉薄。只要你有可敬爱的地方，年幼的小朋友总是心悦诚服地敬爱你。他叫你一声“老师！”如同叫爸爸妈妈一样的亲热，你的风范，你的言语，对于他的影响比他爸爸妈妈的还更深刻。④

---

① 朱光潜：《作者自传》，见《朱光潜全集》第1卷，安徽教育出版社1987年版，第4页。

② 朱光潜正是此时写出了他的成名作和畅销书《给青年的十二封信》(1929)，详见本章第二部分。

③ 朱洪著：《朱光潜大传》，人民日报出版社2012年版，第23页。

④ 朱光潜：《有志青年要做中小学教师》，见《朱光潜全集》第9卷，安徽教育出版社1993年版，第135页。

从做中学教师起，朱光潜就开始提出教育主张，探讨教学方法，并努力把它们贯彻到教学实践过程当中。任教伊始，朱光潜就在《教育杂志》上发表了讨论教法的系列论文《智力测验法的标准》（1922 年 5 月）、《在“道尔顿制”中怎样应用设计教学法?》（1922 年 12 月）、《“道尔顿制”下的英文教学法》（1923 年 12 月）、《中学校英文教学法示例》（1925 年 8 月）。其教育主张此时也已形成，这里不做孤立介绍，而是把它和教学经历结合起来说明。在教学经历方面，朱光潜有两次光辉的行动，分别发生在他做中学教师与大学教授期间。

第一次光辉行动是与匡互生[①]创建立达学园（1925）。朱光潜做了三年中学教师（1923—1925），涉及三个学校：中国公学、春晖中学和立达学园。其中前两个是别人主持的，后一个是他参与创办的。先看朱光潜的自述：

> 匡互生……因不满春晖中学校长的专制作风，建议改革而没有被采纳，就愤而辞去教务主任职，掀起一场风潮。我同情他，跟他一起采取断然态度，离开春晖中学跑到上海去另谋生路。……我们成立了一个立达学会，在江湾筹办了一所立达学园。[②]

“立达”出自《论语》中的“己欲立而立人，己欲达而达人”，校训为“立己立人，达己达人”；“学园”源于古希腊学园。该校不设校长，凡事由师生员工代表组成的校务委员会决定，匡互生任校务委员会主任。在他授意下，朱光潜拟定了立达学园的成立宣言《旨趣》，鲜明地表达了反对专制，倡导教育独

---

① 匡互生（1891—1933），湖南邵阳人，曾参与辛亥革命与“五四”运动。

② 朱光潜：《作者自传》，见《朱光潜全集》第 1 卷，安徽教育出版社 1987 年版，第 2—3 页。

立自由以及推行自由教育的神圣责任感。不过,立达学园办起来以后,朱光潜就考取安徽官费留学,去了欧洲。立达学园的创始人匡互生将宣言中的精神和方法付诸实施,并于1928年开辟农场,供学生养鸡、养蜂和园艺劳动,进行生产劳动教育。后来校园毁于"一·二八"淞沪战火,匡互生本人也积劳成疾,于朱光潜回国前夕(1933年4月22日)病逝于上海,终年42岁。

朱光潜的第二次光辉行动仍是其自由教育观的产物。据他自述:"抗日战争爆发后,我就应新任代理四川大学校长的张颐之约,到川大去当文学院长。刚满一年,国民党二陈派就要撤换张颐而任用他们自己的'四大金刚'之一程天放。我立即挥动'教育自由'的旗帜,掀起轰动一时的'易长风潮'。"①朱光潜后来回忆说:"这是我生平第一次感到反动政府的压迫而起反抗。"②尽管他未能抵制程天放(1899—1967)接任四川大学校长(1939—1943),但这次反抗颇有影响。他辞职后一方面得到共产党的支持,周扬(1908—1989)希望他去延安参观,另一方面又被留欧旧友拉拢,最终他选择了武汉大学,并于1942年成为该校教务长。由于"学校'长'字号人物都必须参加国民党"③,朱光潜加入了国民党,后来挂名三青团中委和国民党常务监委。

这里需要讨论的是,当朱光潜的自由教育观及内在性情与外来压力发生冲突时,他的选择说明了什么。不可否认,朱光潜的做官具有被胁迫的性质,至少不是出于情愿。正如他出任四川大学文学院长一职时(1937年7月20日)所说的:"我很爱清静,对于行政事务没有浓厚的兴趣,所以我在北京大学的时候,当局屡次要我任西洋文学系主任,我都没有答应。本来在我们

---

① 朱光潜:《作者自传》,见《朱光潜全集》第1卷,安徽教育出版社1987年版,第6页。
② 朱光潜:《自我检讨》,见《朱光潜全集》第9卷,安徽教育出版社1993年版,第536页。
③ 朱光潜:《作者自传》,见《朱光潜全集》第1卷,安徽教育出版社1987年版,第6页。

现在这样环境底下，应当牺牲个人兴趣来干公家的事的。我这次冒然答应担任文学院的事，也是因为这点责任心。”[①]在抗战的特殊时期，他出任文学院长以及教务长的决定在某种程度上都是被激发出来的，但这又是可以理解的，因为朱光潜认为“文化教育是国家的命脉”。从为人师起，特别是创办立达学园以来，他对教育就有一种强烈的责任心，甚至是使命感。所以，此时他将个人的清静让位于社会责任心，或者说，他是为了教育事业才做出妥协的。那么，如何解释朱光潜这次“不成功”的反抗呢？他对国民党的反抗为何出乎意料地以向国民党靠拢而告终？“易长风潮”的亮点在于朱光潜以教育的自由对抗政府的专制，他这样做完全是出于对自由教育的忠诚。至于他的妥协，也并非对自由教育的否定与放弃，而是在外力作用下的隐忍。关于加入国民党的经过，他是这样描述的：“在武大待了三四年，学校内部发生人事冲突，教务长没有人干，学校硬拉我去干。干了不到一年，反动政府的压迫又来了！陈立夫责备王星拱校长，说我反对过程天放，思想不稳，学校不应该让我担任要职。王校长想息事宁人，苦劝我加入国民党，说这只是一个名义，一个幌子，为着学校的安全，为着我和他私人的友谊，我都得帮他这一个忙。当时我也并非留恋这个教务长，可是假如我丢了不干，学校确实难免动摇。因此，我隐忍妥协，加入了国民党。”[②]朱光潜在这里把他“始终引为内疚的一件事”讲得比较清楚了，他加入国民党表面上是为了私人的友谊，事实上是为了学校的稳定。在我看来，朱光潜这时未去延安和后来未去台湾一样，都可以用自由知识分子对政治的疏远与怠惰来解释。对他来说，眼下的生活稳定应该比此后的政治去从更要紧。这表明教育者仍是生活在

---

① 朱光潜：《在四川大学总理纪念周上的讲演》，见《朱光潜全集》第8卷，安徽教育出版社1993年版，第566—567页。

② 朱光潜：《自我检讨》，见《朱光潜全集》第9卷，安徽教育出版社1993年版，第536页。

现实中的人,需要处理自身职业与种种外力的关系。朱光潜并非领袖型人物,他很少发起运动,尤其是很少成为运动的中心。在我看来,他这两次教育行动和他的自由恋爱是少有的几次例外。这几次例外都可以用自由来解释,为了教育的自由与恋爱的自由。

(二)朱光潜的自由教育观

>> 朱光潜画像

朱光潜的教育观可以概括为自我教育与自由教育,大体上前者是方法,后者是核心。关于自我教育,他在 1957 年曾对教育进行词源学解释:"'教育'这个名词在拉丁文为 educatio,原文为'抽引出来'。顾名思义,教师的功用就在把学生的潜在的能力(知情意各方面的)都'抽引出来',使它得到尽量的发展。在古希腊时代,一个教师就叫做'引路人',他须引着学生走而不是背着学生走。……希腊最著名的大哲学家和青年导师苏格拉底是个助产妇的儿子,他说他自己在教导青年方面所做的工作就是他母亲所做的工作——催生。"[①]这段话表明了朱光潜自我教育观的思想来源。他强调教师对学生要引导与催生,从而促成学生的自我教育。为此,他特别结合自己的经验说:"那十四年的听课对于我发生了多大影响呢?我坦白地说出来,不怕老师们听见,也不怕旁人笑话,那个影响实在是微乎其微的。……我现在回顾一下,假如我这一生有什么些微成就的话,功劳应该归于谁呢?我也可以坦白地说出来,不怕老师们听见,

① 朱光潜:《关于外语教学的一些杂感》,见《朱光潜全集》第 10 卷,安徽教育出版社 1993 年版,第 98 页。

也不怕旁人笑话,除了老师给我指点了方向以外,一切的路都是我自己这双脚走的,一切的功劳都是我自己的!”[①]这样说并不表明朱光潜不谦虚,他其实是为了强调自我教育,强调自己是一个成功的自我教育者。

朱光潜的自由教育观肇始于他在春晖中学任教时。1924 年 6 月,朱光潜在《民铎》第 5 卷第 4 期发表了《私人创校计划》。它和立达学园的宣言《旨趣》构成了朱光潜此时教育思想的核心文献。在《旨趣》中,朱光潜认为“教育是社会的义务”,“改造社会,要根本从改革教育入手”,因而极力助社会行教,并提出五个基本目标:将学校变成爱的大家庭,把诚实作为人格教育的第一要素,培养为人群谋幸福的牺牲精神,培养排除一切障碍实现理想的意力,注重科学训练以养成科学的头脑。[②] 这个简明的纲领其实是对《私人创校计划》的落实与展开。《私人创校计划》从反对学制入手,认为“教育决不能官办”;教育独立不仅要经济独立,还要行政独立;改变教职员学生和学校之间的生意买卖关系;改变按年配程、分班授课这些平均发展的做法;给贫苦者以受教育的机会。建议从耶稣的舍己为群的精神、希腊斯多葛学者的简朴克欲的生活和近代科学所赋予的知识和方法这三个方面把学生培养成改造社会的领袖人物。为此需要学校带有古希腊学园和我国书院的风气,带有欧洲中古僧院的风气:注重劳动,过有规律的简朴生活,还要重视社会事业。朱光潜认为解决私人办学的关键问题是“人材和经济”,当时人才济济:有夏丏尊(1886—1946)、章锡琛(1889—1969)、丰子恺(1898—1975)、叶圣陶(1894—1988)、胡愈之(1896—1986)、周予同(1898—1981)、陈之佛(1896—1962)、刘大白(1880—1932)、夏衍(1900—1995)等,但需要克服经

---

① 朱光潜:《关于外语教学的一些杂感》,见《朱光潜全集》第 10 卷,安徽教育出版社 1993 年版,第 99 页。

② 朱光潜:《旨趣》,见《朱光潜全集》第 8 卷,安徽教育出版社 1993 年版,第 170—172 页。

济困难,可通过募捐、寻求赞助、劳动等方式解决。朱光潜强调改良教育不能靠政府,而要靠教育界的觉悟人士,从而用好教育,培养好人民,进而组织好政府。[①] 由此可见,朱光潜的教育理想是通过人改变人,让觉悟者带动不觉悟者,进而改善教育、社会和政治。

1940 年,朱光潜在为教育部高等教育司起草的升学指导中,力倡西方的"宽大自由教育"(liberal education),即通识教育。朱光潜认为"理想的大学生应退为专才,进可为通才",强调"'宽大自由教育'必以'博学'为基,以'守约'为的"。[②] 在具体操作方面,他坚持少上课多自习,一如当初他留学英法时:"我个人很坚决地相信,如果我国教育要想彻底改善,从小学到大学课程的数目都要尽量减少,每科的效率都要尽量提高;在大学里,自由研究的时间至少要比上课的时间多两倍(即上一点钟课至少有三点钟可以自习)。"[③]朱光潜的意思很明显,教是为了促进学,或者说是为了让学生学会自我教育。对此,他结合自己的教学实际做过反省:"作者个人,初任教外国文学时,亦常侧重讲演,积数年之经验,深知此种教法,使教者费力多而学者获益少,不如多奖掖学生自读作品,略授以分析批评之方法。"[④]

朱光潜的自由教育观包含着丰富的内容。他的教育观往往源于对教育现状的观察与反思,以寻求改善教育的可能。比如,朱光潜认为当时的教育具有盲目性,以致造成"用非所学,学非所用"的怪现象。再如,教育的寄生性:"中国学制最大的弊病,就是每阶段都是一种预备工作,不能独立应用。小学毕业无用,小学的唯一用处,在预备升中学;中学毕业还是无用,在预备

---

① 朱光潜:《私人创校计划》,见《朱光潜全集》第 8 卷,安徽教育出版社 1993 年版,第 105—118 页。

② 朱光潜:《文学院》,见《朱光潜全集》第 9 卷,安徽教育出版社 1993 年版,第 58 页。

③ 朱光潜:《从教育部的几种新政谈到功令与学风》,见《朱光潜全集》第 9 卷,安徽教育出版社 1993 年版,第 29 页。

④ 朱光潜:《文学院课程之检讨》,见《朱光潜全集》第 9 卷,安徽教育出版社 1993 年版,第 82 页。

升大学;大学毕业还是无用,于是中国各大学变成欧美各大学的预备学校。"[①]在授课方式上,存在着教育的机械性,钟点工似的教员"闻铃上课,闻铃下课",甚至一本讲义用十年二十年:"教育是一种人性的接触,没有情谊做基础,无论制度如何完密,设备如何周到,决难收完美的效果。现在学校制度最大的毛病就在缺乏情谊的基础与人格的熏陶,而这个毛病的原因则大半在授课方式的机械化。"对此,朱光潜提出"应该采取中国旧有的书院制以及英国牛津、剑桥的导师制"。[②] 这项主张很快被教育部采纳,结果却流于形式,指导变成了填表与饭局。于是,朱光潜慨叹"并不是'法'不行,而是因为'人'不行",进而认为"今日教育家所最需要的不是制度方法上的新花样而是良心与自省"。[③] 应该说,这些问题如今仍不同程度地存在着,如何增强教育的针对性、独立性、创造性?如何使教育符合现实需要,特别是如何增强师生情谊?朱光潜的这些意见值得借鉴和深思。

朱光潜把师生情谊视为教育的核心,可以说注重的是情感教育。而促成师生情谊的最佳途径是美,因而这种情感教育势必是审美教育。在1941年3月的一次讲演中,他提出教育就是"风化",即用"一种风范去化人"。所谓校风就是由师风感化而成的学风。在这次讲演中,朱光潜结合《学记》提出"群育"的观点:

> 中国讲教育最好的文章是《学记》,它谈到教育进步的程序有这几句话:"一年视离经辨志,三年视敬业乐群,五年视博习亲师,七年视论

---

① 朱光潜:《谈出洋留学》,见《朱光潜全集》第8卷,安徽教育出版社1993年版,第345页。

② 朱光潜:《论大学授课方式的机械化》,见《朱光潜全集》第8卷,安徽教育出版社1993年版,第472页。

③ 朱光潜:《从教育部的几种新政谈到功令与学风》,见《朱光潜全集》第9卷,安徽教育出版社1993年版,第61页。

学取友,谓之小成。”你看,除初入学只注重立足向外,以后几个阶段都着重群育。乐群,亲师,取友,都是着重同校里师生的关系。①

由此可见,“群育”是以知识为纽带形成的师生关系和同学关系。把教育视为一种人际关系,而不只是单纯的学术研究与知识传授,这实际上体现了朱光潜“以人为本位”的教育观。他强调“人是生灵”:“生灵有别于机械的就在他能自动,有自由,能本其自动的能力去创造,能本其超过自然需要的自由去谋生活的富裕(不仅是物质要求的满足)。所谓人的‘独特的意义’或是人性的尊严也就在此。”②这是对学生个体自由的精彩论述,正是它构成了自由教育的本质。只有从这种认识出发,才能更好地理解他为何注重师生情谊。此外,朱光潜认为校风和社会风气存在着密切关系,“改良社会风气,必须从改良大学校风入手”。作为一个教育家,朱光潜的视野并未局限于校园。他深知教育始终是社会的一部分,而不是孤立于社会的绝缘体,这无疑体现了朱光潜强烈的社会责任感。不仅如此,朱光潜认为教育与政治对一个国家至关重要:“国家民族兴衰之关键,皆系于政教两端。”在二者的关系上,他认为最好“政教并行,而教尤重于政”,其理由是“教化存而政体更,社会可免于根本动摇;教化存而政权失,一民族虽暂屈于异族而不至灭亡”。③ 这就把教育提到了至高无上的位置。这显然是一种理想,朱光潜本人也很清楚,在历史及现实中,政教分离后不是以教辅政,就是以政统教,而以教统政的情况鲜有发生,尽管孔子与柏拉图都为这种理想做过努力。

---

① 朱光潜:《说校风》,见《朱光潜全集》第9卷,安徽教育出版社1993年版,第67页。

② 朱光潜:《对潘光旦〈论教育的更张〉的意见》,见《朱光潜全集》第9卷,安徽教育出版社1993年版,第474页。

③ 朱光潜:《政与教》,见《朱光潜全集》第9卷,安徽教育出版社1993年版,第90—91页。

在教育与文艺的关系方面，朱光潜受柏拉图影响，认为“美育的最好工具就应该是音乐”①，因为他认为音乐是最完美而直接的艺术形式。同时他认为缺乏对音乐的嗜好会导致民族精神的衰落，因而倡导普及音乐教育。

朱光潜的自由教育观是一个热爱教育、有社会责任感的自由知识分子，在长期的从教生涯中，结合教学实际、当时的教育状况和社会环境提出的一系列思想，其中既有对西方教育的汲取，又有对中国传统教育的发掘与激活。他对教育现状的反思和相关实践不仅有益于教育，而且始终与改善社会的努力结合在一起。这是朱光潜作为一个教育家令人钦佩的地方。

二、畅销书作家——《给青年的十二封信》

在开明书店 1929 年 3 月出版的《给青年的十二封信》单行本中有两篇附录，其中一篇是《悼夏孟刚》。这个文本对于理解朱光潜给青年写信的动机很有帮助。夏孟刚是朱光潜在中国公学教过的一个学生：“我在吴淞中国公学时，孟刚在我所教的学生中品学最好，而我属望于他也最殷，他平时沉静寡言语，但偶有议论，语语都来自衷曲，而见解也非一般青年所能及。”②可以说，这是一个与老师建立了深厚的师生情谊的学生。由于战乱，中国公学停办，夏孟刚去了浦东中学，江湾立达学园成立后，他又转学到江湾。当时，朱光潜正忙于赴欧留学，夏孟刚突然得知父亲患病的消息，他们未及见面深谈。朱光潜到英国后收到他一封信，信中说他哥哥与父亲均已不在人世。朱光潜给他寄了一部歌德的《麦斯特游学记》，希望他能抛开轻生的念头。

---

① 朱光潜：《音乐与教育》，见《朱光潜全集》第 9 卷，安徽教育出版社 1993 年版，第 141 页。

② 朱光潜：《悼夏孟刚》，见《朱光潜全集》第 1 卷，安徽教育出版社 1987 年版，第 73 页。

三个月后,朱光潜得知他服氰化钾自杀了,便于1926年5月18日夜半写了这篇《悼夏孟刚》。在文中,朱光潜对这个学生的结局充满了理解的同情,并认为"自杀是伟大意志之消极的表现",它"绝世而兼绝我",既不玩世也不逃世。但朱光潜更认同"绝我而不绝世",赞赏释迦牟尼"以出世的精神,做入世的事业"。

正是从这篇文章开始,朱光潜对像夏孟刚这样遭遇问题的青年用书信的形式展开了交谈:一方面,他像与亡灵交谈,以对他喜爱的学生进行持续的补偿(当初如果朱光潜给夏孟刚写一封信而不是寄一本书,结果是否会有不同?);另一方面,朱光潜也想和他教过的以及不曾教过的问题青年或青年问题在课堂之外继续交流。就这样,他写下了给青年的十二封信,发表在1926年11月到1928年3月的《一般》杂志上,翌年结集出版后成为畅销书,20年内销了20多万册。1929年7月10日,《开明》杂志2卷1号刊登了一组读者评论。杨昌溪认为此书"简直是一部值得青年界人士人手一卷的宝物",郭广才认为"差不多每封信都可以做青年的导师",王守实认为"可为青年之南针,可为青年坦途之灯塔"。[①] 从这些话中不难看出此书的反响。这本畅销书造成的另一个现象是仿写,一个署名"朱光潸"的人出版了《致青年》一书,并称其为"给青年的十三封信",而朱光潜此前出版过一部"给青年的第十三封信",即《谈美》(1932),甚至两本书的封面图案也大致相同。这就引出了朱光潜的一篇奇文《朱光潜给朱光潸——为〈给青年的十三封信〉》(1936)。

夏丏尊在《给青年的十二封信》的序(1929)中认为这十二封信是《一般》中"最好的收获"。他写道:"这十二封信以有中学生程度的青年为对象。

① 朱洪著:《朱光潜大传》,人民日报出版社2012年版,第69—70页。

并未曾指定某一受信人的姓名，只要是中学程度的青年，就谁都是受信人，谁都应该一读这十二封信。这十二封信，实是作者远从海外送给国内青年的很好的礼物。作者曾在国内担任中等教师有年，他那笃热的情感，温文的态度，丰富的学殖，无一不使和他接近的青年感服。他的赴欧洲，目的也就在谋中等教育的改进。作者实是一个终身愿与青年为友的志士。"[①]在老朋友的这段话中，值得注意的有两点。首先是对象，所谓"中学程度的青年"指受过中学教育的青年，它既包括在校生，亦包括具有中学程度的社会青年。其次，序中谈到朱光潜赴欧的目的是"谋中等教育的改进"，这说明夏丏尊仍是把作者视为教师的。这就使得该书的对象更倾向于中学生，这一点也可从书中得到印证。

多年以后，朱光潜对此书的自我评价是："这部处女作现在看来不免有些幼稚可笑，但当时却成了一种最畅销的书，原因在我反映了当时一般青年小知识分子的心理状况。我和广大青年建立了友好关系，就从这本小册子开始。"[②]值得注意的是，朱光潜在这里并未提到青年学生，他用的词是"青年小知识分子""广大青年"，这表明他的写作对象并不限于青年学生，而是当时社会上的广大青年。

之所以在这里讨论《给青年的十二封信》的写作对象，是因为通过它可以确定作者的身份。既然本书的写作对象介于学生与青年之间，那么，作者的身份就介于教师与青年导师之间。下面就从这两方面进行梳理：侧重于校园学生的书信和侧重于社会青年的书信。从题目看，"谈中学生与社会运动""谈升学与选课""谈作文"是针对校园学生的；从内容看，针对校园学生

---

① 夏丏尊：《序》，见《朱光潜全集》第1卷，安徽教育出版社1987年版，第77页。

② 朱光潜：《作者自传》，见《朱光潜全集》第1卷，安徽教育出版社1987年版，第4—5页。

的还有“谈读书”，其余信中均未出现学生，可以说是针对社会青年的。当然，二者有交叉重叠，并不能分得那么清楚。

在《中学生与社会运动》中，朱光潜认同蔡元培（1868—1940）的观点“读书不忘救国，救国不忘读书”，呼吁“向民间去”[①]，强调从自身的小事做起。在《谈读书》中，朱光潜认为：“十五六岁以后的教育宜注重发达理解，十五六岁以前的教育宜注重发达想象。所以初中的学生们宜多读想象的文字，高中的学生才应该读含有学理的文字。”[②]这个见解无疑是以个人经验做基础的。朱光潜早年为八股文训练所苦，未能充分发展自己的想象力。可以说，这个以十五六岁为界进行的区分是对传统教育的纠正。在《谈作文》中，作者又呼应了这种看法：“许多国文教员们叫学生入手做议论文，这是没有脱去科举时代的陋习。初学作议论文是容易走入空疏俗滥的路上去。我以为初学作文应该从描写文和记叙文入手，这两种文做好了，议论文是很容易办的。”[③]在《谈升学与选课》中，朱光潜认为：“做学问，做事业，在人生中都只能算是第二桩事。人生第一桩事是生活。”基于这种考虑，朱光潜认为“职业教育应该有宽大自由教育（liberal education）做根底”[④]，这样才有可能丰富生活或增加生活的乐趣。总之，教育是为了促进人生的幸福。

在针对社会青年的书信中，《谈十字街头》与《谈多元宇宙》是有代表性的两篇。作者认为“十字街头上握有最大权威的是习俗”，事物一经十字街头感染就很容易流为俗化，因而需要警觉抵制，“不要汩没在十字街头的影

---

① 朱光潜：《谈中学生与社会运动》，见《朱光潜全集》第1卷，安徽教育出版社1987年版，第20页。
② 朱光潜：《谈读书》，见《朱光潜全集》第1卷，安徽教育出版社1987年版，第8页。
③ 朱光潜：《谈作文》，见《朱光潜全集》第1卷，安徽教育出版社1987年版，第39页。
④ 朱光潜：《谈升学与选课》，见《朱光潜全集》第1卷，安徽教育出版社1987年版，第32—33页。此处观点与《文学院》（1940）中的观点一致。

响里去"[①]。在《谈多元宇宙》中,作者区分了"道德的宇宙"(其价值标准是善恶)、"科学的宇宙"(其价值标准是真伪)、"美术的宇宙"(其价值标准是美丑)和"恋爱的宇宙"(其标准在是否真纯)。关于"恋爱的宇宙",作者特别谈到两点:一是恋爱与道德的冲突,一是恋爱与人格的关系。关于前者,他说:"遇着恋爱与道德相冲突时,社会本其'道德的宇宙'的标准,对于恋爱者大肆其攻击诋毁,是分所应有的事,因为不如此则社会赖以维持的道德难免隳丧;而恋爱者整个的酣醉于'恋爱的宇宙'里,毅然不顾一切,也是分所应有的事,因为不如此则恋爱不真纯。"同时,朱光潜认为在"恋爱的宇宙"中往往也可以表现出"最伟大的人格"。在他看来,"能够恨人极点的人和能够爱人极点的人都不是庸人",言下之意,他要做一个"能够爱人极点的人",并体现出伟大的人格。他强调"恋爱是人格的交感共鸣",因而明确地"为真正恋爱辩护",但不赞成"假恋爱之名寻求泄欲"。需要提醒的是,当时作者正在恋爱中,这些话分明是他当时的精神自传,最后一封信《谈人生与我》可以说全篇都是其精神自传。

《给青年的十二封信》当时之所以产生巨大的反响,首先是因为信中谈的是当时青年遇到的普遍问题,针对性强,富于启发性。如《谈摆脱》,可以说命中了很多人的弱点:"不在'见不到'而在'摆脱不开'。'摆脱不开'便是人生悲剧的起源。"[②]《谈在卢佛尔宫所得的一个感想》中"只讲效率"的现象更具普遍性,还有现代性,它导致人太肤浅粗疏而不能深入。可以说,这是作者对现代人"只讲效率"的反思与批判。

其次是因为这些信具有很强的艺术性。虽然它们是议论文字,但大多

---

① 朱光潜:《谈十字街头》,见《朱光潜全集》第1卷,安徽教育出版社1987年版,第25页。

② 朱光潜:《谈摆脱》,见《朱光潜全集》第1卷,安徽教育出版社1987年版,第50页。

是以对话体写成的。朱光潜钟爱并译过柏拉图的对话,还写过一篇《谈对话体》称道柏拉图的对话:“他的文笔流利而生动,于琐事见哲理,融哲理于诗情,他的每篇对话都像是一首散文诗,节节引人入胜,读之令人不忍释手。”① 可以说,柏拉图对话是朱光潜写作的榜样。不过,《给青年的十二封信》中的这些对话有其特殊性,它是虚拟的单向对话,是作者在想象中和一个不确定的青年人进行的对话。其单向性是由书信体及对象的虚拟性决定的。就单向性而言,最好把这些书信视为一种特殊的讲课方式——对话的变体,用作者的话说是“谈心”:“我对于实际人生问题爱思想,爱体验,同时,我怕寂寞,我需要同情心,所以心里有所感触,便希望拿来和朋友谈,以便彼此印证。我仿佛向一个伙伴说:‘关于这一点,我是这样想的,你呢?’我希望看他点一个头,或是指出另一个看法。假如我口齿俐朗,加上身边常有可谈的朋友,我就宁愿对面倾心畅谈,决不愿写文章。”②朱光潜在这里谈到了当时写信的心境与动机,可以说它们是朱光潜在国外的寂寞中渴望与人对话的产物。事实上,朱光潜在某些信里也体现出交流的倾向。如在《谈升学与选课》中谈了自己的看法后,朱光潜写道:“同时,我也很愿听听你自己的意见。”这些对话(也是书信)的标志是每封信前都以“朋友”相称,信末均署“你的朋友孟实”。读者看了,俨然是收到朋友的来信,又像遇到一个导师和自己亲切交谈,这无疑增强了文章的魅力。但是,这些书信的对话性程度不同,个别书信中未出现虚拟的对话者“你”;第9封信《谈情与理》并未形成对话,是独白体,或论争体,通过与张东荪和杜亚泉的争论,表明了“情感的生活胜于理智的生活”的看法。

---

① 朱光潜:《谈对话体》,见《朱光潜全集》第9卷,安徽教育出版社1993年版,第462—463页。
② 朱光潜:《谈修养·自序》,见《朱光潜全集》第4卷,安徽教育出版社1988年版,第3—4页。

最后是因为这些信的语言优美动人，讲究形式，接近于用白话写成的骈文。试看《谈动》中的一节："朋友，闲愁最苦！愁来愁去，人生还是那么样一个人生，世界也还是那么样一个世界。假如把自己看得伟大，你对于烦恼，当有'不屑'的看待；假如你把自己看得渺小，你对于烦恼当有'不值得'的看待；我劝你多打网球，多弹钢琴，多栽花木，多搬砖弄瓦。假如你不喜欢这些玩艺儿，你就谈谈笑笑，跑跑跳跳，也是好的。"①

《给青年的十二封信》出版后，朱光潜一面继续教学，守着青年学生，一面继续为广大青年写作。其中，《谈美》(1932)被称为"给青年的第十三封信"。此外，他还写了《给〈申报周刊〉的青年读者》系列文章(1936—1937，6篇)，以及《谈修养》(1943，22篇)。在他心目中，理想的青年应具备四个条件："运动选手的体格""科学家的头脑""宗教家的热忱"和"艺术家的胸襟"②。新中国成立前夕，他为青年写的一篇相关文章是《我要向青年说的》(1949年1月)，在文中他仍倡导青年人承担责任，以尽时代的使命。新中国成立以后，朱光潜仍在高校教育青年学生，指导研究生，仍与青年读者保持着联系。《怎样学习美学？——答青年同志们的来信》(1962)就是证明，该文是对"全国各地的青年同志们来信"的"一次总的回答"。晚年的《谈美书简》(1980)也延续了这种与朋友对话的书信模式。他在序中写道："朋友们：从1965年到1977年，我有十多年没有和你们互通消息了。'四人帮'反党集团被一举粉碎之后，我才得到第二次解放，怀着舒畅的心情和老马伏枥的壮志，重理美学旧业，在报刊上发表了几篇文章。相识和不相识的朋友们才知道我这个本当'就木'的老汉居然还在人间，纷纷来信向我提出一些关于

---

① 朱光潜：《谈动》，见《朱光潜全集》第1卷，安徽教育出版社1987年版，第13页。
② 朱光潜：《谈理想的青年》，见《朱光潜全集》第9卷，安徽教育出版社1993年版，第157—160页。

学习美学中所遇到的问题，使我颇有应接不暇之势。能抽暇回答的我就回答了，大多数却还来不及回答。”[①]在这种情况下，上海文艺出版社的编辑建议他“另写一部新的《谈美》”，他就答应了。由此可见，《谈美书简》确实是对青年读者关于美学疑问的回答，它不同于此前的《谈美》以及其他虚拟书信，其中谈论的问题也不再完全出于自己的设置。从虚拟对话到实际对话，表明朱光潜不仅仍是青年心目中的导师，而且在作者和读者之间形成了真正的互动。

除了培养研究生之外，晚年的朱光潜力挺后学，对郑涌、肖兵、朱小丰等予以推荐，并寄予厚望。在他去世的前一年，朱光潜在《文艺日记》上题写了一句话：“青年人第一件大事是要有见识和勇气！走抵抗力最大的路。”[②]可以说，他与青年人保持了终生的联系。

三、编辑家——《文学杂志》主编

朱光潜的职业一直是教师，编辑只能说是业余的。但这种业余的工作开辟了一个新维度，并对他的教学工作形成了极好的补充。就此而言，编辑工作是朱光潜实施文学教育的另一种方式，以报刊为黑板，以社会为课堂，而且施教对象已不限于青年。事实上，一边教学一边编辑是朱光潜的职业习惯。他最早做编辑是在中国公学任教时期：“我于一九二二年夏，到吴淞中国公学中学部教英文，兼校刊《旬刊》的主编。当我的编辑助手的学生是

① 朱光潜：《谈美书简·代前言：怎样学美学？》，见《朱光潜全集》第5卷，安徽教育出版社1989年版，第229页。

② 朱光潜：《题〈文艺日记〉》，见《朱光潜全集》第10卷，安徽教育出版社1993年版，第725页。

当时还以进步面貌出现的姚梦生，即后来的姚篷子。”[①]此外他还主编过《华北日报》副刊(1948)、《民国日报·文艺》(1948)等。朱光潜的编辑工作结束于新中国成立前，前后跨度有二十余年。

朱光潜编辑的报刊影响最大的是《文学杂志》，其助理编辑是常风(1910—2002)。《文学杂志》创刊于1937年5月1日，1937年8月1日出版第1卷第4期后因抗战爆发而停刊。抗战结束后，1947年6月1日复刊，至1948年11月出版第3卷第6期后停刊。前后共出版3卷22期。关于《文学杂志》的创办背景，朱光潜在自传里是这样描述的：

> 当时正逢“京派”和“海派”对垒。京派大半是文艺界旧知识分子，海派主要指左联。我由胡适约到北大，自然就成了京派人物，京派在“新月”时期最盛，自从诗人徐志摩死于飞机失事之后，就日渐衰落。胡适和杨振声等人想使京派再振作一下，就组织一个八人编委会，筹办一种《文学杂志》。编委会之中有杨振声、沈从文、周作人、俞平伯、朱自清、林徽因等人和我。他们看到我初出茅庐，不大为人所注目或容易成为靶子，就推我当主编。由胡适和王云五接洽，把新诞生的《文学杂志》交商务印书馆出版。……杂志一出世，就成为最畅销的一种文艺刊物。[②]

朱光潜似与畅销有缘，他写的《给青年的十二封信》是畅销书，他主编的《文学杂志》是畅销杂志，“每期销行都在两万份以上”[③]。那么，这份“理想

---

① 朱光潜：《作者自传》，见《朱光潜全集》第1卷，安徽教育出版社1987年版，第2页。
② 朱光潜：《作者自传》，见《朱光潜全集》第1卷，安徽教育出版社1987年版，第5—6页。
③ 朱光潜：《〈文学杂志〉复刊卷头语》，见《朱光潜全集》第9卷，安徽教育出版社1993年版，第241页。

的文艺刊物”是如何实现畅销的呢？除了集结众人之力（据统计，为《文学杂志》撰稿的作家多达123人），我认为其秘密包含在发刊词里。发刊词首先提出“语言是思想的外现”这个命题，从而认为“每种文艺观都必同时是一种人生观”。英园文学家阿诺德曾提出文化思想的生发期和凝聚期理论，认为生发期是新思潮膨胀期，凝聚期是思潮停滞期。[①] 朱光潜以中外历史为依据，断定“我们所处的是新文化运动的生发期而不是它的凝固期”，因此，朱光潜将当前对待文化思想运动的基本态度归纳为八个字“自由生发，自由讨论”，从而将《文学杂志》定位为“一种宽大自由而严肃的文艺刊物”：

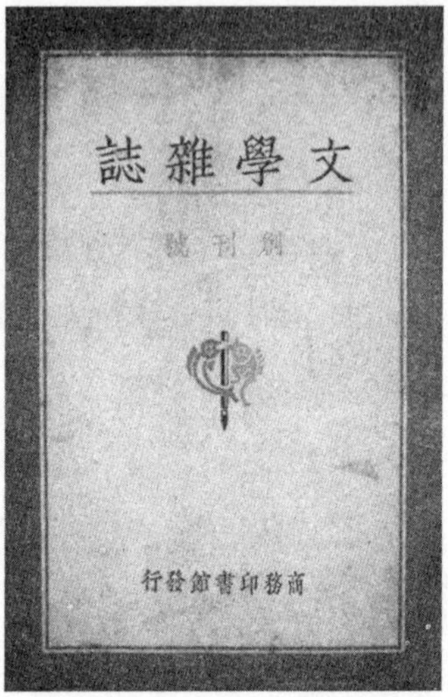

>>《文学杂志》创刊号

它应该认清时代的弊病和需要，尽一部分纠正和向导的责任；它应该集合全国作家分途探险的工作，使人人在自由发展个性之中，仍意识到彼此都望着开发新文艺一个公同目标；它应该时常回顾到已占有的领域，给以冷静严正的估价，看成功何在，失败何在，作前进努力的借鉴；同时，它应该是新风气的传播者，在读者群众中养成爱好纯正文艺的趣味与热诚。它不仅是一种选本，不仅是回顾的而同时是向前望的，应该维持长久生命，与时代同生展；它也不仅是一种“文艺情报”，应该

---

① 朱光潜：《欧洲近代三大批评学者（二）——阿诺德（Matthew Arnold）》，见《朱光潜全集》第8卷，安徽教育出版社1993年版，第220页。

在陈腐枯燥的经院习气与油滑肤浅的新闻习气之中，辟一清新而严肃的境界，替经院派与新闻派作一种康健的调剂。[①]

从这个宣言中不难看出《文学杂志》的抱负。和对待教育的态度一样，朱光潜对文学同样持独立自由的立场。在除旧布新之外，朱光潜秉持的是多元化路向与超越性眼光，力图以自由精神为新文学开辟一个清新而严肃的新境界。

遗憾的是，由于抗日战争的爆发，《文学杂志》创刊仅三个月就停刊了。但它已经留在很多读者的记忆里，因此抗战结束后不断有人打听复刊的消息。读者的期待是办刊的动力，经过半年的筹备，《文学杂志》终于复刊了。在复刊词中，朱光潜重申了既定的立场："我们的目标在原刊第一期已表明过，就是采取宽大自由而严肃的态度，集合全国作者和读者的力量，来培养成一个较合理想的文学刊物，借此在一般民众中树立一个健康的纯正的文学风气。"[②]但他也意识到当时"处在一个不很顺利的环境"中。1947—1948年正是国共两党展开决战的时期，可谓时局混乱，人心动荡。朱光潜看到了这些制约性因素，但他表示要尽力克服。在复刊词中，朱光潜对文学与批评做了区分，认为"文学上只有好坏之别，没有什么新旧左右之分"，并将批评分成善意的批评与恶意的批评两种，对前者情愿接受，对后者置之不理。在他看来，"一个作家不仅要能创造他的作品，还要能在读者群众中创造能欣赏那种作品的趣味"，从而把文学的成就视为作者与读者互为因果、相互提升的全民众行为。基于此，朱光潜将编辑定位为"作者与读者中间的一个媒

① 朱光潜：《理想的文艺刊物》，见《朱光潜全集》第3卷，安徽教育出版社1987年版，第438页。
② 朱光潜：《〈文学杂志〉复刊卷头语》，见《朱光潜全集》第9卷，安徽教育出版社1993年版，第241页。

介人”①,从而将编辑工作融入促成伟大文学诞生的努力中去。

《文学杂志》的突出特色是文学性与理论性相结合:“本刊每期暂订八万字左右,篇幅的分配,创作约占五分之三,论文和书评约占五分之二。”②之所以如此,表面上是因为朱光潜吸收了“欧洲几种著名的文艺刊物的编配方法”,强调“我们不仅要读,还要谈,要想”。从根本上说,他坚持的是一种大文学观,把文学视为“一个国家民族的完整生命的表现”:“一个国家民族的完整生命有它的历史的传统,现时的内部环境与外来影响,以及人民对于这些要素所酿成的实际生活的体认。”在朱光潜看来,“文学这棵花”不能脱离哲学、艺术、科学等文化的土壤,“因为这个缘故,我们准备于文学创作和理论之外,每期略载讨论一般文化思想的文章”③。正是这种大文学观确定了朱光潜的办刊思路,为理论文章预留了相当的空间。这种设计的一个主要后果是把朱光潜变成了一个文学批评家,迫使他面对文学现场做出相应的评价。在此之前,他很少谈论文学,尤其是当代文学。可以说,是这个刊物把他逼成了京派批评家与理论家的代表人物。从刊物来看,他具体做了两方面的工作:一方面为每期刊物写《编辑后记》,共四篇(复刊后未再写),可以说都是鲜活精要的批评文字;一方面是撰写文学批评与理论文章,前期有三篇,都是文学批评:《望舒诗稿》《桥》《〈谷〉和〈落日光〉》。后期有八篇,基本上都是理论文章:《诗的难与易》《看戏与演戏——两种人生理想》《生命》《苏格拉底在中国(对话)——谈中国民族性和中国文化的弱点》《现代中国文学》《诗的意象与情趣》《谈书牍》《谈对话体》。

朱光潜的当代文学批评涉及面并不广,大体上围绕的是以《文学杂志》

① 朱光潜:《〈文学杂志〉复刊卷头语》,见《朱光潜全集》第9卷,安徽教育出版社1993年版,第243页。
② 朱光潜:《编辑后记(一)》,见《朱光潜全集》第8卷,安徽教育出版社1993年版,第529页。
③ 朱光潜:《〈文学杂志〉复刊卷头语》,见《朱光潜全集》第9卷,安徽教育出版社1993年版,第242页。

为中心的京派作家群。在《文学杂志》创办前，他论及的唯一同代作家应是周作人（1885—1967），而周作人后来也是《文学杂志》的编委会成员。朱光潜认为《雨天的书》特质有三："第一是清，第二是冷，第三是简洁。"[①]就"清""冷"而言，可以说兼具雨与书的特色。关于《望舒诗稿》，朱光潜认为作者"留恋的是春与爱"，能"在少年人的平常情调与平常境界之中嘘咈出一股清新空气"。但从新诗的前途考虑，认为他的"视野似乎还太窄狭"，"还没有脱离旧时代诗人的感觉事物的方式"。因而朱光潜倡导"推广视野，向多方面作感觉的探险"[②]。可以说这既是对戴望舒的期待，也是对所有新诗人的期待。谈到《文学杂志》创刊号里胡适、戴望舒和卞之琳的诗，朱光潜强调"新技巧与新风格的尝试都难免是向最大抵抗力去冲撞"。"向最大抵抗力去冲撞"，可以说是胡适创立的新诗传统，也是朱光潜为新诗发展总结出来的隐秘经验。

正如刊物名字显示的，《文学杂志》重在"文学"。当时不少人认为"报章与文学不能发生关联"[③]，而朱光潜就是要努力使报章文学化，高雅化。他的文学教育其实是一种富于深度的文化思想教育，是对作家与读者的双重教育，意在为伟大的文学培养理想的读者，这是他的办刊理想。可以说，朱光潜主编的《文学杂志》为此做出了努力，并因此在中国现代文学刊物中占有显赫的一席之地。

四、批评家的另一面：时局批评

朱光潜作为批评家已广为人知，但这主要限于文学批评[④]，他的时事批

---

① 朱光潜：《雨天的书》，见《朱光潜全集》第8卷，安徽教育出版社1993年版，第190页。
② 朱光潜：《望舒诗稿》，见《朱光潜全集》第8卷，安徽教育出版社1993年版，第527页。
③ 朱光潜：《谈报章文学》，见《朱光潜全集》第9卷，安徽教育出版社1993年版，第350页。
④ 参见商金林编：《朱光潜批评文集》，珠海出版社1998年版。

评尚未得到足够的重视和讨论。在我看来,这类文章虽然不像他的文学批评和理论文章那样写得优美深刻,但它体现了朱光潜的时代视野,而且表明了他对某些重大事件的态度。可以说,与批评文学作品相比,此类判断难度更大,因而对当时及后来的读者都有一定的教育、启示和参照意义。

值得注意的是,朱光潜早年基本上"不问政治",但是从抗战以来,尤其是国共内战期间,他发表了不少时事批评,这类文章和教育论文、文学评论交织在一起,连续发表在当时的报刊上。可以说他不再满足于讨论教育和文学,而是进一步讨论教育和文学的现实处境。这无疑构成了朱光潜四十年代的转变:"这几年来中国和世界都更加混乱,我的观感也有些转变。"①这种转变的成因是什么?或者说朱光潜为什么写这类时事评论?用朱光潜自己的话说,是因为"……国民党政府越弄越糟,逼得像我这样无心于政治的人也不得不焦虑忧惧"②。可以说朱光潜的转变体现了一个自由知识分子在中国陷入外患内忧的极端时期生发出来的现实关怀;当然,也可能和他参与行政,责任感增强,以及加入国民党,对政治内幕了解得更清楚有关。尽管他没有像闻一多那样转向实际行动,这些文章也不像鲁迅的杂文那样泼辣犀利,但它们至今仍可让读者听到那个时代在一个自由知识分子心中激起的一连串回响。

"五四"运动发生时,朱光潜还是香港大学的学生,可谓年幼地远,因而当时无所谈论。但他后来和"五四"运动中的英雄匡互生成为同事,并于1942年写了一篇《五四运动的意义和影响》。文章认为,"五四"运动的重大意义在于它是"中国有史以来,唯一弥漫全国的民众运动",并认为它"不仅

---

① 朱光潜:《我要向青年说的》,见《朱光潜全集》第9卷,安徽教育出版社1993年版,第533页。
② 朱光潜:《自我检讨》,见《朱光潜全集》第9卷,安徽教育出版社1993年版,第536页。

是一种政治运动”，更是“一种文化运动”，是“思想革命的先声”①。同时朱光潜也对“五四”运动中存在的问题进行了反思。朱光潜在抗战后期写这篇文章其实是为了宣扬“五四”时代青年的解放精神。但它还算不上真正的时事评论。

严格地说，朱光潜的时事评论始于抗战时期。只是这个时期时事批评文章较少，代表性的有两篇：一篇是《国难期中我们应有的自信与自省——在四川大学总理纪念周会的讲演》(1937)，一篇是《再论周作人事件》(1938)。讲演一开头朱光潜就描述了不过四个月，中国领土几乎被占领五分之一的紧张局势，但他表示：“我个人所担忧的倒不是这种战场上一时的得失，而在我们的抗战的精神，是在能百折不挠，坚持到底。我近来观察群众心理，觉得我们大部分人，在这个生死存亡的关头，还没有真正觉悟。我们有两个可以致死的病根还没有除尽，一是缺乏真正的自信，一是缺乏彻底的自省。换句话说，还不能真正感觉到礼义廉耻的耻。”②基于此，他特别强调国人自己努力，并对“最后的胜利必定是我们的”进行了辩证分析。可以说这个演讲显示了朱光潜的远见，接近毛泽东在《论持久战》(1938)中提出的观点。《再论周作人事件》讨论的是周作人是否当了汉奸的问题。当时许多人对此持肯定意见，朱光潜却表达了不同的看法。他认为周作人“怕谈政治”，并无做汉奸的野心和勇气，但认为周作人滞留北平是不明智的，并推测其原因是“贪舒适，怕走动”③。文中引用北平友人来信证明“周氏尚未附逆”，并总结说：“一切都还待事实证明，现在对周氏施攻击或作辩护，都未免过早。”④事

① 朱光潜：《五四运动的意义和影响》，见《朱光潜全集》第9卷，安徽教育出版社1993年版，第113页。

② 朱光潜：《国难期中我们应有的自信与自省》，见《朱光潜全集》第8卷，安徽教育出版社1993年版，第570—571页。

③ 北大校长蒋梦麟在回忆录中谈到，他让周作人留下看护学校。

④ 朱光潜：《再论周作人事件》，见《朱光潜全集》第9卷，安徽教育出版社1993年版，第12页。

实证明,朱光潜对周作人成为汉奸的性格分析并不准确,或者说他忽视了环境压力对一个人可能造成的影响,但他认为"周氏尚未附逆"符合当时的事实。周作人出任汪精卫南京伪政府国立北京大学图书馆馆长是在 1939 年 1 月被枪击后。

从 1944 年到 1948 年,朱光潜写了 24 篇时事批评文章,包括那篇模仿柏拉图对话写成的奇文《苏格拉底在中国(对话)——谈中国民族性和中国文化的弱点》。这些文章颇多议政之处,有的相当直接而且非常尖锐,体现了朱光潜的民生关怀与可贵勇气。但是必须看到,这类文章都是面向国民党当局的,大多是结合存在的问题提建议想办法,献计献策,即使在提出批评时,他也是为了维护国民党的统治。这些文章有理想化倾向,其计策未必可行,而且根本无力挽救国民党的败亡命运,致使这些文章大体上接近于书生空谈。但朱光潜有两个优点,有助于他克服对国民党的局限性:一方面,他是国民党内的自由分子,这使他获得了跳出政党看政党的旁观者身份;另一方面,他时常站在民众的立场上考虑问题,可谓代民立言者,这在一定程度上纠正了他为国民党效力的偏差。就此而言,朱光潜类似于现代的杜甫。

作为一名自由分子,朱光潜旗帜鲜明地拥护自由主义,主张"每个人应有他的自主权",应获得"自由发展",并"在文艺领域维护自由主义",认为"自由是文艺的本性"。[①] 1947 年年底,朱光潜撰文讨论自由分子在当时的尴尬处境。他认为在中国"真正能代表民意的是自由分子",因为他们思想"稳健纯正而富于代表性","总是站在全体人民的福利一边",也是"政党冲突中一种缓冲"(他认为即使是党内的自由分子也可缓冲党内的冲突)。但

① 朱光潜:《自由主义与文艺》,见《朱光潜全集》第 9 卷,安徽教育出版社 1993 年版,第 481 页。

严峻的是，“在今日中国，自由分子……被挤在夹缝里，左右做人难”，[1]被各政党视为“眼中钉”，或被名利诱惑，或被威胁陷害。剩下的少数自由分子萎缩分散在文化教育界与实业界，毫无影响。但朱光潜断言：“在三十年乃至于五十年的未来，中国真正的民意还要借社会上少数优秀的自由分子去形成，去表现。”因此他强调一旦自由分子被逼至没落，民主政治的前途将渺茫无期。

朱光潜对时事的讨论范围非常广泛，而且大多涉及当时的热点问题，从国民党的政治制度到教育文化及经济政策，无所不包。特别是对当时推行的宪政改革，朱光潜起初不无期待。在《宪政促进与言论自由》中，他把能否做到言论自由视为促进宪政的试金石：“宪政的要旨是法治。言论自由是以舆论制裁加强法律制裁，所以是实施宪政的必由之路。”[2]行宪以后，他希望最高当局抓住这次良机拨乱反正，并发出警告：“如果错过，结果只有崩溃。”[3]但无论是期待还是警告，对当局同样无效。后来的事实让他意识到所谓的立法院与责任内阁搞的是“空招牌的民主”[4]。

作为一个教师，朱光潜对学潮的看法值得注意。他认为学潮的出现说明学生不满现状，同时表明政府已失去青年的信任，教育也失去了领导青年的力量，但他认为学生的狂热与罢课也值得反省。可以说，朱光潜既看到了学潮的必然性与合理性，也分析了学潮被政党斗争利用后的所谓不良后果。总体上，他并不“根本否定学潮本身的意义与价值”，而是倾向于让学潮成为“改革社会的真正力量，而不只是作一种无代价的牺牲”[5]。但朱光潜对学潮

---

① 朱光潜：《自由分子与民主政治》，见《朱光潜全集》第9卷，安徽教育出版社1993年版，第305页。
② 朱光潜：《宪政促进与言论自由》，见《朱光潜全集》第9卷，安徽教育出版社1993年版，第175页。
③ 朱光潜：《行宪以后如何?》，见《朱光潜全集》第9卷，安徽教育出版社1993年版，第417页。
④ 朱光潜：《立法院与责任内阁》，见《朱光潜全集》第9卷，安徽教育出版社1993年版，第451页。
⑤ 朱光潜：《学潮的事后检讨》，见《朱光潜全集》第9卷，安徽教育出版社1993年版，第255页。

的正面意义显然评价不足，这是因为他把学生看成了政府的学生。教育与政治在此叠合，用朱光潜的另一句话说，学生是政府养的士，养士是为了用士，至少“免得青年子弟造反”①。就此而言，朱光潜的判断之所以失误，是因为受他的国民党立场所限。新中国成立后他在一篇检讨中指出，对学生运动他“一向是不同情的”，“怕学校因此受到动摇”，当时他“和学校行政人员都站在一边，都深怕出乱子，得罪了反动政府”。② 这是可信的。在这方面他写的最糊涂的一篇文章是《谈群众培养怯懦与凶残》，该文表明他对当时的群众革命与政党斗争认识不清，而且流露出尼采式的贵族倾向，其实是自由知识分子长期疏离民众的结果。但朱光潜始终渴求民主政治，早年寄希望于胡适提出的“好政府”，留学后倾慕欧美式的民主自由主义，重要的是他从不曾丧失责任感与正义感。1946 年，北京大学女生沈崇（1927—2014）被美军士兵强奸，他与沈从文等向美国驻华大使司徒雷登递交抗议书。可以说，这是他生命中的又一次光辉行动。

虽然不能说朱光潜的时事批评是面向国民党当局的授课，但无论他的建议还是批评都有与最高当局对话的意味。对于写作这些文章的动机，他曾做过以下总结：“像每个望中国好的国民一样，我对于国民党政府是极端不满意的；不过它是一个我所接触到的政府，我幻想要中国好，必须要这个政府好；它不好，我们总还要希望它好。我所发表的言论大半是采取这个态度，就当时的毛病加以指责。由于过去的教育，我是一个温和的改良主义者，当然没有革命的意识。”③这段话虽然出自向中国共产党的检讨中，其中也不乏自我辩护之处，但大体上是可信的。那时他的确属于并服务于国民

① 朱光潜：《养士与用士》，见《朱光潜全集》第 9 卷，安徽教育出版社 1993 年版，第 255 页。
② 朱光潜：《最近学习中几点检讨》，见《朱光潜全集》第 10 卷，安徽教育出版社 1993 年版，第 22 页。
③ 朱光潜：《自我检讨》，见《朱光潜全集》第 9 卷，安徽教育出版社 1993 年版，第 537 页。

党政府,他对国民党政府既抱以希望又敢于批评。他对自身的判断,即“温和的改良主义者”,是符合实际的。事实上,这也是当时自由知识分子的普遍选择。

随后,朱光潜经历了多次思想改造与政治运动,与国民党当局的对话变成了向共产党的检讨。他的自由主义精神有所萎缩,但仍秉着自由心态发表了一些时论。关于“百家争鸣,百花齐放”,他就发表了系列时评:《百家争鸣,定于一是》(1956)、《从切身的经验谈百家争鸣》(1957)、《为什么要放?怎样放?》(1957)、《从美学讨论中体会“百花齐放,百家争鸣”的政策》(1961)。“文革”结束后,朱光潜之所以能突破禁区,率先谈论人性与人道主义,无疑是因为他的自由主义精神的延续。在他的最后一部美学著作《美学拾穗集》(1980)序里,朱光潜写道:“黑格尔的《美学》三卷终于译完了,我转过头来仔细校读马、恩的有关文艺论著,有关的几部札记表达出我的一个热烈愿望:在四个坚持的大原则之下,党的领导当趁早认真校改马恩经典著作的译文,在这个基础上选出一个有关文艺理论的选本。近几年我还在继承五十年代美学辩论的传统,不怕争鸣与交锋。”[①]由此来看,朱光潜分明恢复了与最高当局对话的勇气,但讨论的不是现实政治,而是学术著作的翻译。他是资深翻译家,这样说是有底气的。事实上,这时他的勇气并不限于翻译方面。在《关于人性、人道主义、人情味和共同美问题》(1979)的最后,他大声疾呼:“冲突他们所设置的禁区,解放思想,恢复文艺应有的创作自由,现在正是时候了!”[②]这哪里像一个饱经风霜的老人,分明是一个高呼自由的“五四”青年。

---

① 朱光潜:《美学拾穗集·缘起》,见《朱光潜全集》第5卷,安徽教育出版社1989年版,第347页。

② 朱光潜:《关于人性、人道主义、人情味和共同美问题》,见《朱光潜全集》第5卷,安徽教育出版社1989年版,第395页。

第三章 美学家

谈起朱光潜的身份，最著名的是美学家，最难谈的也是美学家。一方面是因为他的美学成果非常丰富，思想来源比较复杂，梳理起来实属不易；另一方面是新中国成立以后，他对自己早年的美学思想进行了严厉的批判，甚至是彻底翻转。他这样做当然有政治压力的作用，但似乎也不乏内在的逻辑。真相究竟如何？这为辨析工作造成了极大的难度。本传无意于澄清历史的迷雾，而是注重考察朱光潜美学本身的建树。由于朱光潜美学主要涉及心理学和诗学，本书就从心理学美学和诗歌美学这两个领域来讨论朱光潜美学的成就。这样做并非割裂它们之间的紧密联系，而是出于讨论的方便。本章主要讨论朱光潜的心理学美学思想。

一、朱光潜的美学观

本节先结合朱光潜的重要论文梳理一下他的美学观。《无言之美》(1924)被朱光潜称为"第一篇处女作"，也是他写的第一篇与美有关的论文。写此文时，他尚未赴欧留学，也未以美学为志业，但也并非与他后来成为美学家无关。可以说，此文保留了他与美最初相遇的轨迹，是他的第一篇美学沉思录。

《无言之美》大体上谈论的是文学之美，并扩展到艺术之美，其核心则是诗歌之美。文中探讨的主要问题是言与意的关系。作者把文学视为“以言达意的一种美术”，他追问的是如何以言达意才能使文学更美，其结论如下：“拿美术来表现思想和感情，与其尽量流露，不如稍有含蓄；与其吐肚子把一切都说出来，不如留一大部分让欣赏者自己去领会。”[1]由此可见，无言之美其实是含蓄之美、空白之美。因此，作者强调“所谓无言，不一定指不说话，是注重在含蓄不露”。从表达的层面上，作者否定了“自然逼真”的写实艺术，认为“尽量表现，非惟不能，而也不必”。在各种艺术门类中，作者极度称道以少总多、言不尽意的诗歌，其理由是“说出来的越少，留着不说的越多，所引起的美感就越大越深越真切”。在层层分析的基础上，作者对无言之美做了如下总结：“文学之所以美，不仅在有尽之言，而尤在无穷之意。推广地说，美术作品之所以美，不是只美在已表现的一部分，尤其是美在未表现而

① 朱光潜：《无言之美》，见《朱光潜全集》第1卷，安徽教育出版社1987年版，第66页。

含蓄无穷的一大部分,这就是本文所谓无言之美。”[①]对朱光潜来说,无言之美不仅是欣赏美学和创作美学,也是生活美学。他说:“世界有缺陷,可能性(potentiality)才大,这种可能而未能的状况就是无言之美。”[②]总体而言,《无言之美》体现了朱光潜早年的文学美学思想,尽管文中也吸收了西方文学艺术的元素,但《无言之美》属于地道的中国美学思想,“无言”二字出自《论语·阳货》的“予欲无言”。从观点本身来看,“无言之美”并非崭新主张,而是中国文学,尤其是诗歌的传统。但朱光潜在此文中打通了文学、哲学和生活的间隔,并对自己心仪的美做出了最初的命名。这对一个探索出路、寻求超越的青年教师来说不仅是内心的需要,也是冥冥之中的预兆,它预示着一个美学家的最初出场。

尽管《无言之美》反映了朱光潜早年对美的看法,但它只是拉开了朱光潜美学研究的序幕,并未开启朱光潜的美学研究之路,因为它基本上是孤立的。那么,朱光潜美学研究的第一阶段(或早期美学思想)始于何时?或者说,朱光潜是何时成为美学家的?朱光潜的美学研究系列成果发表于20世纪30年代,但其著述时间与出版时间略有错位:“在写这封信之前,我曾经费过一年的光阴写了一部《文艺心理学》。这里所说的话大半在那里已经说过,我何必又多此一举呢?在那部书里我向专门研究美学的人说话,免不了引经据典,带有几分掉书囊的气味;在这里我只是向一位亲密的朋友随便谈谈,竭力求明白晓畅。在写《文艺心理学》时,我要先看几十部书才敢下笔写一章;在写这封信时,我和平时写信给我的弟弟妹妹一样,面前一张纸,手里一管笔,想到什么便写什么,什么书也不去翻看……”[③]这段话不仅揭示了

---

① 朱光潜:《无言之美》,见《朱光潜全集》第1卷,安徽教育出版社1987年版,第69页。
② 朱光潜:《无言之美》,见《朱光潜全集》第1卷,安徽教育出版社1987年版,第72页。
③ 朱光潜:《谈美·开场话》,见《朱光潜全集》第2卷,安徽教育出版社1990年版,第7页。

《谈美》与《文艺心理学》的内容之同与风格之异，而且交代了写作它们的先后关系。尽管《文艺心理学》早在《谈美》前一年写成，但《谈美》无论从写作、杂志选刊到出版单行本都在 1932 年，而《文艺心理学》出版于 1936 年。所以，朱光潜美学研究的第一阶段至少应始于 1932 年。不过，朱光潜还有一个说法，把《悲剧心理学》作为"起点"："这部处女作是我的文艺思想的起点……"[①]如果这里"起点"的说法可以成立，那真是一个"高起点"。此外，朱光潜也用"处女作"定位过《无言之美》，但那是一篇论文。那么，能否说《悲剧心理学》是他的美学论著"处女作"呢？据朱光潜自述，"这部论著的基础是 1927 年在爱丁堡大学心理学研究班小组讨论会上的宣读的论文《论悲剧的快感》"。就此而言，该书的基础 1927 年就完成了。但为了统一起见，本文均以产生影响的出版时间为据。《悲剧心理学》英文版出版于 1933 年，中文版出版于 1983 年，写序时他八十五岁，显然忘了《谈美》是他出版的第一本美学著作。因此，朱光潜成为美学家应始于《谈美》。在我看来，这具有非同寻常的意义。如前所述，《给青年的十二封信》极其畅销，影响广泛。而《谈美》是"第十三封信"，它们从写作风格到发表途径都很相似；不同之处在于《给青年的十二封信》属于对现实问题的解析，是应对型的；而在《谈美》中，谈论的话题出于作者主动的选择："朋友：从写十二封信给你之后，我已经歇三年没有和你通消息了。……在我的脑际盘旋的实际问题都很复杂错乱，它们所引起的感想也因而复杂错乱。现在青年不应该再有复杂错乱的心境了。他们所需要的不是一盆八宝饭而是一帖清凉散。想来想去，我决定来和你谈美。"这表明此时朱光潜和青年的对话已经从以前的应对型转向

---

① 朱光潜：《悲剧心理学·中译本自序》，见《朱光潜全集》第 2 卷，安徽教育出版社 1987 年版，第 209 页。

了引导型,他也随之从教育家变成了美学家。朱光潜之所以在时局动荡的20世纪30年代谈美,正是为了净化人心。他说:“在这个危急存亡的年头,我还有心肝来‘谈风月’么?是的,我现在谈美,正因为时机实在是太紧迫了。……我坚信中国社会闹得如此之糟,不完全是制度的问题,是大半由于人心太坏。”[①]由此来看,朱光潜在不美的年代谈美正是为了让人们美起来,他认为首先需要改造人的精神,加强美感修养,“从‘怡情养性’做起”,致力于艺术创造和美的欣赏。

从表面上看,朱光潜第一阶段的美学研究主要受克罗齐影响。其实还有康德、叔本华、尼采等人的潜在影响。他认为“克罗齐哲学是康德的主观唯心论和黑格尔的客观唯心论的拼合”,并坦陈是康德的思想增强了他走向克罗齐的信仰。不过,我认为朱光潜美学研究第一阶段有代表性的观点并非“形象的直觉”,而是改造康德、布洛等人的思想而形成的“心理的距离”说。在《谈美》《悲剧心理学》《文艺心理学》和《诗论》中,“心理的距离”说是最具贯穿性的一个美学观点,朱光潜用它评判了许多文艺作品与观念。更重要的是,“心理的距离”说与他个人的性情非常契合,他长期生活在执着人生与超脱现实之间。在某种程度上,“心理的距离”说成了他调节自我的重要尺度,让他穿梭在出世与入世、屈从与对抗、隐忍与超越、禁锢与自由之间。

朱光潜美学研究的第二阶段(或后期美学思想)是从新中国成立后开始的,此时朱光潜开始研读马克思主义经典著作,这个阶段有代表性的美学观点为“美是客观与主观的统一”(1956)。其前身是他在《谈美》和《文艺心理学》中提出的“形象的直觉”说:“形象是直觉的对象,属于物;直觉是心知物

---

① 朱光潜:《谈美·开场话》,见《朱光潜全集》第2卷,安徽教育出版社1987年版,第5—6页。

的活动，属于我。”“美感经验就是形象的直觉。这里所谓‘形象’……是观赏者的性格和情趣的返照。”[1]此后他在《诗论》中提出“诗的境界是情趣与意象的融合”[2]，显然是用该观点阐释诗歌的结果。大体上，“情趣”体现的是“主观”，“意象”体现的是“客观”。就此而言，“美是客观与主观的统一”具有坚实的理论基础，或者说有一个长期演进的过程。不过，从发生学的角度来说，“美是客观与主观的统一”这个观点是朱光潜在美学论争中形成的，具体来说，是他在批评蔡仪的美学观点时提出的。朱光潜用它否定了吕荧“美是美的观念”说，也批驳了洪毅然“见物不见人”的美学。朱光潜认为蔡仪“没有在‘物’与‘物的形象’之中见出分别，没有认出美感的对象是‘物的形象’而不是‘物’的本身”[3]。由此，朱光潜将“物”的本身称为“物甲”，将“物的形象”称为“物乙”，认为“物甲是自然物，物乙是自然物的客观条件加上人的主观条件的影响而产生的”，因而物乙是“夹杂着人的主观成分的物”，是“社会的物”。也就是说，美感对象“物乙”即物的形象，是“主观与客观的统一，自然性与社会性的统一”[4]。正是从这个意义上，朱光潜提出“美是客观与主观的统一”，并于第二年写出《论美是客观与主观的统一》(1957)这篇具有总结性质的长文。文中特别指出，包括蔡仪在内的当时许多美学家之所以不谈“主观”，是因为对“主观”这个范畴怀有“极大的恐惧”，“想凭主观去消灭主观”，而这正源于对马克思主义的曲解。可以说，对“主观”的坚持和改造凸现了朱光潜的过人之处，并使他完成了从主观唯心主义美学到客观

---

① 朱光潜：《文艺心理学》，见《朱光潜全集》第1卷，安徽教育出版社1987年版，第209、214页。

② 朱光潜：《诗论》，见《朱光潜全集》第3卷，安徽教育出版社1987年版，第62页。

③ 朱光潜：《美学怎样才能既是唯物的又是辩证的——评蔡仪同志的美学观点》，见《朱光潜全集》第5卷，安徽教育出版社1989年版，第43页。

④ 朱光潜：《美学怎样才能既是唯物的又是辩证的——评蔡仪同志的美学观点》，见《朱光潜全集》第5卷，安徽教育出版社1989年版，第43—44页。

与主观统一的美学的转变,由克罗齐的唯心主义美学向马克思唯物主义美学的转变。相应地,也完成了从“形象的直觉”到形象思维的转变,以及从美的认识论到实践论的转变。正如他总结的:“我认为马克思主义的美学必须建立在四个基本原则的基础上,这就是:一、感觉反映客观现实;二、艺术是一种意识形态;三、艺术是一种生产劳动;四、客观与主观的对立和统一。”① 可以说,这是朱光潜对他后期美学思想的集中表述。

二、美学代表作的确定

考察朱光潜的美学成就还需要确定他的美学代表作。先看他晚年的自述:“我的第一部美学著作是1936年出版的《文艺心理学》。《谈美》的信是概括这部处女作的通俗叙述。接着我就写了一部《诗论》,对过去用功较多的诗这门艺术进行了一些探讨。这三部书都是我在英、法两国当大学生时写出初稿的。我还用英文写过一本博士论文,叫做《悲剧心理学》,由斯特拉斯堡大学出版社出版。”②这段话可以说是他对自己一生研究美学的总结。换言之,《文艺心理学》(1936)、《谈美》(1932)、《诗论》(1943)和《悲剧心理学》(1933)可以称为他的美学代表作,或者说是他比较重要的美学著作。那么,《美学批判论文集》(1958)、《谈美书简》(1980)、《美学拾穗集》(1980)便是相对次要的美学著作。

不过,就在同一年(1981),他却有不同的说法。为《朱光潜美学文集》写

---

① 朱光潜:《论美是客观与主观的统一》,见《朱光潜全集》第5卷,安徽教育出版社1989年版,第74页。
② 朱光潜:《我学美学的经历和一点经验教训》,见《朱光潜全集》第10卷,安徽教育出版社1993年版,第569页。

说明时，他把自己的美学思想的发展过程分成解放前和解放后两个阶段，并自认为他“解放后实际上不到二十年的工作比起解放前大半生的工作远较重要”[1]。这当然是朱光潜的自相矛盾。在他说不清自己美学成就的情况下，不妨做一个诊断的尝试。朱光潜很珍视这套美学文集的出版，从对自身美学思想发展的阶段划分和主次衡定来看，他是郑重其事的。首先看阶段划分，“解放”固然对朱光潜的现实生活和精神生活造成了巨大的冲击，即使说颠覆性的可能也不为过，但它毕竟是个外在事件。是否存在着更内在而有说服力的划分依据呢？他自己也有不同的说法，在《我的文艺思想的反动性》(1956)这篇自我批判的文章里，他把自己的美学思想发展过程分成了三个阶段：“我在美学上思想发展过程可分三个阶段：首先是恭顺地跟着克罗齐走(《文艺心理学》初稿)，继而对他的‘艺术即直觉’这个定义所否定的东西开始怀疑，想法弥补他的漏洞，由于没有放弃‘艺术即直觉’的基本定义，弄得矛盾百出(《文艺心理学》的修正稿)。后来，就开始怀疑到唯心主义哲学本身(《克罗齐哲学述评》)。”[2]这是朱光潜在新中国成立初期对自己美学思想发展阶段的分析，其核心是对克罗齐的接受，大致经历了认

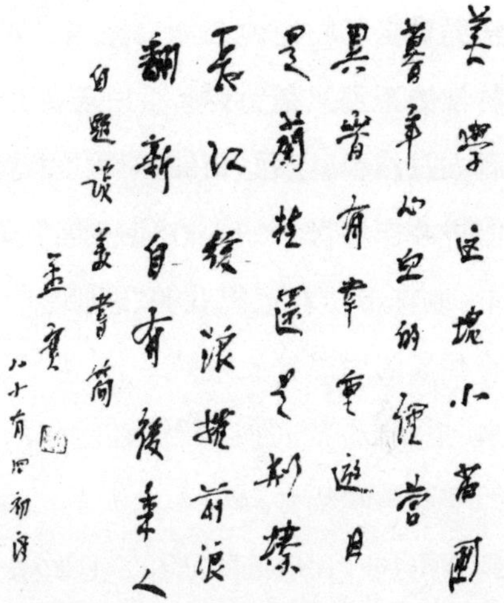

>> 朱光潜题《谈美书简》手迹

① 朱光潜：《关于我的〈美学文集〉的几点说明》，见《朱光潜全集》第10卷，安徽教育出版社1993年版，第567页。

② 朱光潜：《我的文艺思想的反动性》，见《朱光潜全集》第5卷，安徽教育出版社1989年版，第20页。

同、怀疑和否定三个环节。也就是说,朱光潜通过对克罗齐的接受基本上已经凭借自己的经验和能力完成了对唯心主义哲学的否定。但他对唯心主义哲学的否定只是“怀疑”,并未找到能够取代它的更好的思想。新中国成立后,通过对马克思主义的学习,朱光潜才真正完成了对唯心主义的“否定”,但也并非彻底否定。在第二年发表的一篇重要文章《谈思想两栖》(1957)中,他宣布:“在这里我只根据一个普通人的常识,指出一个客观事实,就是有些人的思想就象蛤蟆一样,是水路两栖的,时而唯心,时而唯物。”在我看来,把“唯心”与“唯物”放在时间的变化里并不准确,事实上,它们是同时的,即唯心与唯物并存于一个人的心里,只不过在不同时期它们中的某一个比较突出,或以某一个为主。正如朱光潜解释的:“每个思想家从历史传统所继承来的东西也是复杂的,有些符合新的历史条件,也有些不符合新的历史条件而保存原来的落后的形式。这两种思想在许多人的意识里长期处在矛盾对立的状态。”①就像公认的大哲学家孔子,在某些方面是唯心的,在另一些方面却是唯物的,这很正常。就此而言,朱光潜本人同样也存在思想两栖的问题。只不过新中国成立前他以唯心为主,新中国成立后他想“唯物”起来(事实上,这也可能符合他思想发展的趋势)。在那个时代,唯心主义被认为是为反动阶级服务的,唯物主义被认为是为进步阶级服务的,所以,让自己“唯物”起来是那个时代的知识分子普遍的选择。对朱光潜来说,唯物主义几乎就是马克思主义。所以,他从新中国成立后就努力学习马克思主义,并以此纠正自己早年的唯心主义观念,以完成所谓的思想改造。在这个背景下,与其把朱光潜的美学划分为解放前和解放后两个阶段,不如划分成唯心主义时期(或克罗齐主义时期)和唯物主义时期(或马克思主义时期)。

① 朱光潜:《谈思想两栖》,见《朱光潜全集》第10卷,安徽教育出版社1993年版,第71页。

明确了朱光潜的美学分期及其分期背后的潜意识之后，再确定他的美学代表作就不难了。当朱光潜强调“解放后”的重要性时，其实是在强调马克思主义和官方意识形态的重要性，而这是外在的标准，并非对作品的判断。拿他推出的“代表作”《西方美学史》和《谈美书简》来看，前者还有些分量，也可以印证他说的“解放以后，我唯一重要的著作就是《西方美学史》”。但《西方美学史》的重要性放在“解放以后”这个时段里成立，放在他的一生中就不成立了。且不说它的舍唯心趋唯物的不成熟性，《西方美学史》只不过是教材，或者说是美学史，尽管该书也渗透了编者的思想认识，但毕竟以知识介绍为主。而奠基于留学欧洲时的《文艺心理学》等四本书毕竟是美学理论，它们不仅是对西方美学成果的吸收，也有推进、转化，甚至还有结合中国文学进行的创造性分析。就此而言，朱光潜强调解放前其“对于美学的工作大半是介绍的性质”，[①]这不只是谦虚之词，而是抑制性或策略性的表达。这是由美学论争的氛围和他当时的心态决定的。其实，“介绍性”这个词更适合《西方文学史》，而《文艺心理学》等是创造性的。所以，我认为《文艺心理学》等四本书是他的美学代表作，这更符合实际，也呼应了他在别处的说法：“我研究美学主要是解放前的事，无论从质还是从量看，解放前的著作都较重要。这当然是个人敝帚自珍的看法。”[②]愈是敝帚自珍，愈能显示它的真实性。

从上面的分析来看，如果把朱光潜的美学思想的发展分成唯心主义时期和唯物主义时期，那就可以说，前期的代表作是《文艺心理学》和《诗论》，后期的代表作是《西方美学史》。整体而言，《文艺心理学》更完整，理论性更

---

① 朱光潜：《关于美感问题》，见《朱光潜全集》第10卷，安徽教育出版社1993年版，第1页。

② 朱光潜：《致陈望衡》，见《朱光潜全集》第10卷，安徽教育出版社1993年版，第461页。

强，创造性更高。《谈美》是它的通俗缩写本；至于《悲剧心理学》，朱光潜把它看成他“文艺思想的起点，是《文艺心理学》和《诗论》的萌芽”①。更准确地说，《悲剧心理学》与《文艺心理学》是姊妹篇，它们都属于心理学美学，只是研究对象从悲剧扩展到了文艺。而《诗论》则是应用《文艺心理学》的“基本原理去讨论诗的问题，同时，对于中国诗作一种学理的研究”②，它们一专论一泛论，共同代表着朱光潜美学的高度。如果硬要在它们之间比个高下，我认为《诗论》的成就更高。

《诗论》是朱光潜一生读诗的结晶。他晚年曾在不同场合表示《诗论》是他写得最好的一本书。1981 年，朱光潜在一篇访谈中说：“我在过去的写作中，如果说还有点什么自己独立的东西，那还是《诗论》。”③在《诗论》第三版《后记》(1984)中，他写道：“在我过去的写作中，自认为用功较多，比较有点独到见解的，还是这本《诗论》。”④刘烜也证实：“笔者也听到朱先生亲口说过：‘我自己的著作，最重要的只有一部，就是《诗论》。’”⑤朱光潜之所以认为《诗论》“最重要”，是因为该书有“独立的东西”和“独到见解”。这是与《文艺心理学》等侧重于评介西方美学的著作不同的地方。

事实上，朱光潜对《诗论》的看重并非始于晚年。早在留学回国之前，徐中舒(1898—1991)向胡适(1891—1962)引荐朱光潜时，让胡适看的不是已成书的《文艺心理学》，而是《诗论》初稿。⑥ 在朱光潜心目中，二者孰轻孰重

---

① 朱光潜：《悲剧心理学 · 中译本自序》，见《朱光潜全集》第 2 卷，安徽教育出版社 1987 年版，第 209 页。
② 朱光潜：《文艺心理学 · 作者自白》，见《朱光潜全集》第 1 卷，安徽教育出版社 1987 年版，第 200 页。
③ 朱光潜、冬晓：《朱光潜教授谈美学》，见《朱光潜全集》第 10 卷，安徽教育出版社 1993 年版，第 531 页。
④ 朱光潜：《诗论 · 后记》，见《朱光潜全集》第 3 卷，安徽教育出版社 1987 年版，第 331 页。
⑤ 刘烜：《序言》，见《朱光潜批评文集》，商金林编，珠海出版社 1998 年版，第 1 页。
⑥ 朱光潜：《诗论 · 抗战版序》，见《朱光潜全集》第 3 卷，安徽教育出版社 1987 年版，第 4 页。

不言而喻。《朱光潜全集》第 10 卷的最后一篇文章是《致胡乔木》，小注说该信约写于 1986 年初。其实该信的准确写作日期是 1986 年 2 月 22 日，这可以从胡乔木(1912—1992)《致朱光潜同志亲属的唁函》中得到证实："获悉朱老遽尔病逝，深为哀悼，此前曾收到朱老二月二十二日手书，今顿成遗墨，中心怆痛，难以言表。"[①]朱光潜辞世的时间是 1986 年 3 月 6 日，也就是说，从他给胡乔木写信到去世仅隔两周。在他生命中的最后一封信里，朱光潜仍念念不忘他的《诗论》："本想寄拙著《诗论》二册，恰遇放假，没有取得存书，只有待三联书店开门的时候，才去取出寄上请教。《诗论》专就中国诗歌传统立论。从前我没有专书讲诗论，是个缺点，所以特别想请您指教。"[②]由此可见，朱光潜对《诗论》的看重是始终一贯的。但是，曾担任朱光潜助教的阎国忠先生(1935—　)对此持不同看法。[③] 他说：

> 三十年代上半叶，朱光潜先生写了几部零头著作，如《文艺心理学》、《谈美》、《变态心理学派别》、《变态心理学》、《诗论》等。这是朱先生美学思想的"最初来源"。不过就美学来看。这些著作中唯有《文艺心理学》一部是真正具有理论价值的，变态心理学方面的书不属于美学，朱先生写它多半是为写《文艺心理学》做准备的；《诗论》的目的在于"替关于诗的事实寻出理由"，充其量是《文艺心理学》的具体

---

① 胡乔木：《致朱光潜同志亲属的唁函》，见《朱光潜纪念集》，安徽教育出版社 1987 年版，第 9 页。

② 朱光潜：《致胡乔木》，见《朱光潜全集》第 10 卷，安徽教育出版社 1993 年版，第 734 页。

③ 陈继法和劳承万也持相似的观点。陈继法认为《文艺心理学》是朱光潜的美学代表作，见其《朱光潜的美学——及其悲剧命运与悲剧精神》第二章第五节；劳承万认为朱光潜著作体系的核心是《文艺心理学》，但他并不认为该书就是朱光潜的代表作，相反，他还特别强调了《诗论》的重要性，见《朱光潜美学论纲》第二章第二节。

运用……[1]

阎国忠从理论价值方面突出《文艺心理学》的重要性，与朱光潜对自己著作的看法有别。在《朱光潜教授谈美学》中，记者问："意大利沙巴蒂尼教授认为《文艺心理学》是你的代表作，你是怎么看的？"朱光潜回答说："我自己认为比较有点独到见解的还是《诗论》。《文艺心理学》主要是介绍当时外国流行的一些学派。"[2]很显然，沙巴蒂尼和阎国忠等人看重的是《文艺心理学》对西方美学理论的系统引进，而朱光潜看重的是运用西方美学理论分析中国诗歌问题。陈寅恪在冯友兰（1895—1990）的《中国哲学史》的审查报告中曾做过如下总结：

> 窃疑中国自今日以后，即使能忠实输入北美或东欧之思想，其结局当亦等于玄奘唯识之学，在吾国思想史上既不能居最高之地位，且亦终归于歇绝者。其真能于思想上自成系统，有所创获者，必须一方面吸收输入外来之学说，一方面不忘本来民族之地位。此二种相反而适相成之态度，乃……二千年吾民族与他民族思想接触史之所昭示者也。[3]

像许多国学大师一样，朱光潜不把评介西方美学理论作为最终目的，而是用它探讨中国诗歌的出路。《诗论》正是这样一部从西学评介转向中国诗学理论建设的代表作。所以，我认为《诗论》比《文艺心理学》更有价值，也更重要。

---

① 阎国忠著：《朱光潜美学思想研究》，辽宁人民出版社1987版，第52—53页。

② 朱光潜、冬晓：《朱光潜教授谈美学》，见《朱光潜全集》第10卷，安徽教育出版社1993年版，第533页。

③ 陈寅恪：《冯友兰〈中国哲学史〉审查报告》，见《中国哲学史》下册，华东师范大学出版社2000年版，第441页。

三、心理学美学研究

关于自己的美学道路，朱光潜是这样描述的："从前我决没有梦想到我有一天会走到美学的路上去。我前后在几个大学里做过十四年的学生，学过不相干的功课，解剖过鲨鱼，制造过染色切片，读过建筑史，学过符号名学，用过熏烟鼓和电气反应表测验心理反应，可是我从来没有上过一次美学课。我原来的兴趣中心第一是文学，其次是心理学，第三是哲学。因为欢喜文学，我被逼到研究批评的标准、艺术与人生、艺术与自然、内容与形式、语文与思想诸问题；因为欢喜心理学，我被逼到研究想象与情感的关系、创造和欣赏的心理活动以及趣味上的个别的差异；因为欢喜哲学，我被逼到研究康德、黑格尔和克罗齐诸人讨论美学的著作。这么一来，美学便成为我所欢喜的几种学问的联络线索了。"[①]尽管这里谈到了文学、心理学、哲学与美学的交叉关系，但其关系略有差异，大体上文学构成了他研究美学的基础，心理学构成了他研究美学的方法，哲学构成了他研究美学的指导。而朱光潜美学的最大特色是从心理学研究美学。他写了两部心理学述评著作：《变态心理学派别》(1930)和《变态心理学》(1933)，两部心理学美学研究著作：《悲剧心理学》(1933)和《文艺心理学》(1936)。此外还有不少与心理学相关的译文和述评。其好友、心理学家高觉敷(1896—1993)曾这样归纳朱光潜"在心理学上对国人的贡献"，"……介绍弗洛伊德的学说的，算是他第一个"，"介绍'行为主义'的，也是他第一个"，"评述完形派心理学的，又是他

---

① 朱光潜：《文艺心理学·作者自白》，见《朱光潜全集》第1卷，安徽教育出版社1987年版，第200页。

第一个”。[①]

《变态心理学派别》和《变态心理学》是朱光潜述评变态心理学的姊妹篇。尽管二者均以变态心理学为述评对象，但有差异，前者“以作家为中心”。所谓“作家”，指的是相关心理学著作的作者，即心理学家，涉及巴黎派、南锡派、新南锡派、耶勒、弗洛伊德、荣格、阿德勒和普林斯。该书以述为主，略加评点，总体上很客观。高觉敷非常赞赏这种“不偏不倚的态度”，说他“对于心理学各派都予以相同的注意，不分厚薄”[②]；后者“以问题为中心”，以评为主，谈得较深。该书在回溯历史的基础上先后提取了催眠与暗示、迷狂症和多重人格、压抑作用和隐意识、梦的心理、弗洛伊德的泛性欲观、心理分析法等六个问题。朱光潜之所以写此书，一方面是因为他意识到变态心理学非常重要，另一方面是因为当时尚无专书讨论变态心理学。用他的话说，是“想帮助读者认清门径”：“入手先作一个历史的研究，使学者放开眼光，先把这门科学的许多不同的观点看清楚；然后再列举几类重要的变态心理的事实，使学者自己权衡事实应以某家学说去解释较为精当。”[③]可以说，这两部变态心理学述评作品为朱光潜的心理学美学研究奠定了理论基础。例如在《悲剧心理学》中，朱光潜就探讨了弗洛伊德心理学与亚里士多德“净化”说的关系。

《悲剧心理学》和《文艺心理学》是另一对姊妹篇，但它们已不再是述评之作，而是研究专著了。许多批评者认为《文艺心理学》更能代表朱光潜的美学成就，就这对姊妹篇来说，我并不太反对这一观点，但有必要对此加以补充。在我看来，这两部书各有优胜之处：前者以写作方法见长，后者以写

---

① 高觉敷：《变态心理学派别·序》，见《朱光潜全集》第1卷，安徽教育出版社1987年版，第193页。
② 高觉敷：《变态心理学派别·序》，见《朱光潜全集》第1卷，安徽教育出版社1987年版，第194页。
③ 朱光潜：《变态心理学·自序》，见《朱光潜全集》第2卷，安徽教育出版社1987年版，第106页。

作内容见长。具体地说,《悲剧心理学》的科学精神令人钦佩,《文艺心理学》的理论整合极其可贵。我认为《悲剧心理学》的科学性与严谨性在朱光潜的所有著作中是最突出的。究其成因,可能和他使用的英语语言有关,也可能和他接受的科学训练有关,还可能和他受教与写作的校园氛围有关。相对来说,朱光潜后来的论著在科学性与严谨性方面均不及《悲剧心理学》。在《悲剧心理学》中,随处可见作者与论述对象(多为大思想家)的对话,以及对他们观念的纠正与补充,它给人的感觉不是气势逼人,而是底气十足,给人一种作者与那些大思想家平分秋色之感。就此而言,朱光潜出色地改写了亚里士多德的名言:"我尊重思想家,我更尊重真理。"就此而言,《悲剧心理学》的成就尚未得到应有的评价。

《悲剧心理学》共十三章,与《诗论》相同,《文艺心理学》最初也是十三章,朱光潜的这几部重要作品的章数大体均衡。从选题来看,《悲剧心理学》讨论悲剧的快感,可以说很有现代性,也很冒险,但他结合大量论据谈出了悲剧与快感之间的张力,既未让悲剧淹没快感,也未让快感冲淡悲剧,可以说驾驭得当。在绪论中,作者明确提出探讨这个论题的重要性并不局限于心理学,对美学也将是"一大贡献":"在本篇论文中,我们将努力填补我们认为存在于美学当中的一大空白。我们将明确悲剧的美与其他形式的美,尤其是崇高美之间的关系和区别。"[①]朱光潜认为当时美学中的空白主要是悲剧美与崇高美之间的关联。他强调整体观念,认同"原因的多样性",并由此把悲剧性分析为"崇高与悲悯相结合的结果"。

尽管《文艺心理学》与《悲剧心理学》仅一词之差,但它并非对《悲剧心理学》的简单扩展,即把研究对象从悲剧扩展到文艺。事实上,《悲剧心理

① 朱光潜:《悲剧心理学》,见《朱光潜全集》第2卷,安徽教育出版社1987年版,第216页。

学》属于研究型论著，它以具体的西方悲剧作品和悲剧理论为研究对象，对它们进行渗透性与贯穿性的研究，即把悲剧作品与悲剧理论结合起来探讨，并把它们整体放在西方悲剧发展史中分析，涉及的“悲剧心理”包括“审美观照、恶意、同情心、道德感、乐观的人生观和悲观的人生观、情绪缓和作用、活力感、智力好奇心的满足”，以及怜悯、恐惧、忧郁、净化等。而《文艺心理学》是整合型或建构型论著。从表面看，其中使用的美学原理与《悲剧心理学》中的原理大体相同，但《文艺心理学》是作者从具体作品出发进行的理论建构，其中作者不仅借用了西方美学理论，也化用了中国传统文论，并将它们整合为“美感经验”，以此为文艺的创造与欣赏提供理论支持。正如作者所说的：“它丢开一切哲学的成见，把文艺的创造和欣赏当作心理的事实去研究，从事实中归纳得一些可适用于文艺批评的原理。它的对象是文艺的创造和欣赏，它的观点大致是心理学的，所以我不用《美学》的名目，把它叫做《文艺心理学》。这两个名称在现代都有人用过，分别也并不很大，我们可以说，‘文艺心理学’是从心理学观点研究出来的‘美学’。”①由此可见，此书中的“心理”同样既是研究的理论依据，也是研究的对象，即用心理学原理研究文艺心理或美感经验。

《文艺心理学》的精华是前四章“美感经验的分析”。作者依次分析了形象的直觉、心理的距离、物我同一以及美感与生理四部分，整合了克罗齐“形象的直觉”说、布洛“心理的距离”说、立普斯的“移情”说和谷鲁斯的“内模仿”说。作者用这四种美学观点阐释文艺创作与欣赏过程中的心理活动。大体上，“形象的直觉”说是核心。朱光潜将“美学”视为“直觉学”，所谓“直觉”就是“见形象而不见意义的‘知’”，因此，他把“美感经验”界定为“形象

---

① 朱光潜：《文艺心理学·作者自白》，见《朱光潜全集》第1卷，安徽教育出版社1987年版，第197页。

的直觉”。朱光潜认为“美感经验是一种极端的聚精会神的心理状态”，它可导致“意象的孤立绝缘”，以至“物我两忘”“物我同一”。而达成“物我同一”的途径就是在适当的“心理的距离”下进行“移情”和“内模仿”。如果说前四章是总论美感的话，该书第十三章至第十七章就可以视为对美感的分论，分别涉及艺术创造与欣赏中的美感心理。其中第十三章与第十四章讨论“艺术的创造”，涉及想象与灵感等；第十五章至第十七章属于“艺术的欣赏”：第十五章区分了两种美感——刚性美与柔性美或雄伟与秀美；第十六章《悲剧的喜感》其实是《悲剧心理学》的缩写，第十七章《笑与喜剧》与《悲剧的喜感》并置呼应。此外，朱光潜在修订本中增加了“美感与联想”一章。它显得孤立重复，无甚必要，因为第十三章中谈到了想象。其余内容涉及自然美问题、艺术起源问题，加上新增的五章，特别是对文艺与道德关系的探讨，作者试图借此对克罗齐的形式主义美学进行修正，但不成系统（以此可增加文艺与经济等）。从这些内容来看，或许作者意在力求丰富，结果却使全书的结构有些杂乱。

朱光潜此书的意义在于较早地探讨了文艺心理学的内部问题，对文艺创造与欣赏心理进行了初步揭示。就此而言，它具有非同寻常的意义：“这是一部介绍西洋近代美学的书。作者虽时下断语，大概是比较各家学说的同异短长，加以折衷或引申。他不想在这里建立自己的系统，只简截了当地分析重要的纲领，公公道道地指出一些比较平坦的大路。”①朱自清是这部书稿的最初评价者。但是他这段话低估了《文艺心理学》的价值，在“介绍”与“断语”之间，他强调的是前者，因而未能充分评价朱光潜在理论整合方面付出的努力。“他不想在这里建立自己的系统”，这个表述不够准确，朱光潜不

① 朱自清：《文艺心理学·序》，见《朱光潜全集》第1卷，安徽教育出版社1987年版，第523—524页。

是不想“建立自己的系统”，而是“未能”。相对来说，朱自清较准确的评价是把《文艺心理学》称为“大书”，把《谈美》称为“小册子”。[1]《文艺心理学》之所以是“大书”，自然是它本身的美学成就决定的。事实上，此书是朱光潜长期使用的教材：“我除在北大西语系讲授西方名著选读和文学批评史之外，还拿《文艺心理学》和《诗论》在北大中文系和由朱自清任主任的清华大学中文系研究班开过课。后来我的留法老友徐悲鸿又约我到中央艺术学院讲了一年《文艺心理学》。”[2]这些授课都为朱光潜改善此书提供了经验。从这个意义上来说，后来增加的章节一方面是基于对克罗齐哲学的纠正，另一方面也可以看作对此书的修补。值得注意的是，在朱光潜的所有著作中，增补的只有三种，而且都做过教材，分别是《文艺心理学》《诗论》与《西方美学史》。其中修改最多的是《诗论》。这显然取决于朱光潜的重视程度。

四、美感经验

美感经验是朱光潜美学的核心，也是其心理学美学研究中最有价值的概念，还是贯穿朱光潜前后两期美学观念的关键词：“直觉”属于美感经验，“心理的距离”“移情”“内模仿”属于美感经验，“情趣”属于美感经验，客观与主观的统一中的“主观”也属于美感经验。那么，什么是“美感经验”呢？“……我们在欣赏自然美或艺术美时的心理活动。”[3]这个定义很简单，将审美对象界定为“自然美和艺术美”。朱光潜关于美感经验的论述主要集中在《文艺心理学》中，大多涉及艺术美，这且不说。问题是审美活动并不限

---

① 朱自清：《谈美·序》，见《朱光潜全集》第2卷，安徽教育出版社1987年版，第100页。
② 朱光潜：《作者自传》，见《朱光潜全集》第1卷，安徽教育出版社1987年版，第5页。
③ 朱光潜：《文艺心理学》，见《朱光潜全集》第1卷，安徽教育出版社1987年版，第205页。

于“欣赏”，还包括“创造”，因此美感经验实际上涉及文艺创造心理学和文艺欣赏心理学。因此，朱光潜作品中出现的“观赏者”大多也适用于“创造者”。不过，一般的心理活动未必是美感经验，严格地说，美感经验（以下简称“美感”）是一种特殊的心理活动，即朱光潜常谈到的直觉、移情等。

本节主要从内在结构与历时演变两方面勾勒朱光潜的美感。先看内在结构。尽管《文艺心理学》的总体结构有些杂乱，其核心却形成了一个小系统。这个小系统就是美感。美感的核心就是由“形象的直觉”生成的情趣，因此美感是形象与情趣的融合体：“美感经验就是形象的直觉。这里所谓‘形象’并非天生自在一成不变的，在那里让我们用直觉去领会它，象一块石头在地上让人一伸手即拾起似的。它是观赏者的性格和情趣的返照。观赏者的性格和情趣随人随时随地不同，直觉所得的形象也因而千变万化。”[①]此处强调形象是变化的，而变化的根源取决于观赏者的性格和情趣。朱光潜认为该形象一半是物所呈现的，也有一半是“观赏者本当时的性格和情趣而外射出去的”。作者之所以强调“当时”，说明每时都有可能是不同的，这就呼应了上面所说的“三随”原则——随人随时随地。也就是说，美感的变化不是因为物的变化，而是由于物的形象的变化，而物的形象的变化是因为观赏者性格和情趣的变化。换言之，美取决于美感，美感取决于观赏者的情趣，而观赏者的情趣可以改变物的形象，即情趣决定物的形象。情趣成了能否生成美感的决定性因素，这自然是唯心的，但它在很大程度上符合事实。

如果说情趣与形象的融合是通过直觉完成的话，朱光潜认为还需要对直觉加以限定，让观赏者与观赏对象处于“适当的距离”中：“创造和欣赏的成功与否，就看能否把‘距离的矛盾’安排妥当，距离太远了，结果是不可了

① 朱光潜：《文艺心理学》，见《朱光潜全集》第1卷，安徽教育出版社1987年版，第214—215页。

>> 朱光潜手书对联

解；距离太近了，结果又不免让实用的动机压倒美感，‘不即不离’是艺术的一个最好的理想。”①“我说‘距离’时总不忘冠上‘适当的’三个字，这是要注意的。‘距离’可以太过，可以不及。艺术一方面要能使人从实际生活牵绊中解放出来，一方面也要使人能了解，能欣赏，‘距离’不及，容易使人回到实用世界，距离太远，又容易使人无法了解欣赏。”②朱光潜所说的距离其实包括三方面的意思，一是空间距离，二是时间距离，三是超越现实功利的距离。关于前两种，他说“愈古愈远的对象愈易引起美感”③；主要的是第三种“距离”，这是“距离”说的精髓，它显然融合了康德的美的非功利性思想：“它把我和物的关系由实用的变为欣赏的。就我说，距离是‘超脱’，就物说，距离是‘孤立’。”④观赏者与观赏对象常被朱光潜称为“我”与“物”。所谓“超脱”就是朱光潜所说的“艺术家和诗人的长处就在能够把事物摆在某种‘距离’以外去看”。这里的“孤立”就是切断物与道德等现实世界的联系，造成“我与物在实用观点上的隔绝”，以促成美感的纯粹性。就此而言，“距离”是获得美感的“调焦”工作，它对观

① 朱光潜：《文艺心理学》，见《朱光潜全集》第1卷，安徽教育出版社1987年版，第221页。
② 朱光潜：《谈美》，见《朱光潜全集》第2卷，安徽教育出版社1987年版，第17—18页。
③ 朱光潜：《文艺心理学》，见《朱光潜全集》第1卷，安徽教育出版社1987年版，第229页。
④ 朱光潜：《文艺心理学》，见《朱光潜全集》第1卷，安徽教育出版社1987年版，第218页。

赏者在与观赏对象的空间关系、时间关系以及超越性方面提出了一定的要求,即“适当的距离”可以较好地促成美感。

此外,朱光潜还用“移情”说和“内模仿”说揭示了存在于观赏者与观赏对象之间的双向关系。关于“移情”说有两种不同的说法,一种是费肖尔的观点:移情就是“把我的情感移注到物里去分享物的生命”;另一种是立普斯的观点:移情是“自我”进入“非自我”中活动,在“非自我”中见出“自我”的情感,它因给“自我”以自由伸张的机会而引起美感。立普斯的说法接近于拟人,流行更广。无论强调分享物的生命,还是强调将我的情感赋予物,移情都是融合观赏者与观赏对象的方式:“我的情趣与物的情趣往复回流。有时物的情趣随我的情趣而定……有时我的情趣也随物的姿态而定。”①至于“内模仿”则是用内心活动而不是身体动作进行的模仿。朱光潜认为“移情”偏重由我及物,“内模仿”偏重由物及我。它们从不同方向揭示了人与物在美感活动中的主导与支配关系。

通过以上梳理,可以看出朱光潜吸收多种西方美学观点整合成了一个美感系统,它具有相对严整的结构:美感的核心是融合于形象之中的情趣,其把握方式是直觉,其基本要求是适当的距离,其融合方式是移情和内模仿。

下面从历时演变的角度考察朱光潜的美感观念。如前所述,朱光潜的美学思想大体以新中国的成立为界分为前后两期。在前期重要作品《文艺心理学》中,朱光潜指出美涉及主观与客观两个方面:“美的问题难点就在它一方面是主观的价值,一方面也有几分是客观的事实。”②可以说,这是美的

---

① 朱光潜:《文艺心理学》,见《朱光潜全集》第1卷,安徽教育出版社1987年版,第237页。

② 朱光潜:《文艺心理学》,见《朱光潜全集》第1卷,安徽教育出版社1987年版,第340页。

客观与主观统一说的最早萌芽，其来源是康德美学，朱光潜说："康德是同时顾到美的客观性与主观性两方面的。"①同时，朱光潜认为："美不仅在物，亦不仅在心，它在心与物的关系上面。"②美不仅在客观之物，也不仅在主观之心，而在客观之物与主观之心的关系，这种"美在关系"说为"美是客观与主观的统一"奠定了理论基础。这里的"物"和"心"后来被"美是客观与主观的统一"中的"客观"与"主观"取代，"关系"被"统一"取代。据此朱光潜认为美（包括自然美与艺术美）是形象与情趣的融合，"形象"有时也被称为"意象"："美就是情趣意象化或意象情趣化时心中所觉到的'恰好'的快感。"③在《诗论》中，朱光潜沿用了情趣和意象这两个词，认为"诗的境界是情趣与意象的融合"④。可以说这和他在《文艺心理学》中的说法大同小异。总体而言，情趣属于"我"，是主观的；形象和意象属于物，大体是客观的，但会被观赏者的主观性改变。

在其后期美学思想中，朱光潜明确提出"美是客观与主观的统一"。可以说这是对《文艺心理学》和《诗论》中相关观点的发展和提升，用主观与客观的哲学概念把他对美的看法表达得更普遍化、深刻化、明确化。自古以来，美都是难的。朱光潜对这个难题做出的最具创造性的回答是"物乙"（即"物的形象"）说。而"物乙"其实是《诗论》中所谈的"意象"的变体或扩展。朱光潜认为美源于瞬息生灭流变的美感，美感取决于"物乙"，而"物乙"的构成是复合型的，其中既有"物甲"（即"物"本身）的客观性，也有审美主体投射进去的情感因素以及由此导致的"物甲"的变形。试看朱光潜在美学论争

① 朱光潜：《文艺心理学》，见《朱光潜全集》第1卷，安徽教育出版社1987年版，第345页。
② 朱光潜：《文艺心理学》，见《朱光潜全集》第1卷，安徽教育出版社1987年版，第346页。
③ 朱光潜：《文艺心理学》，见《朱光潜全集》第1卷，安徽教育出版社1987年版，第247页。
④ 朱光潜：《诗论》，见《朱光潜全集》第3卷，安徽教育出版社1987年版，第62页。

中引用的李泽厚举的一个例子："托尔斯泰《战争与和平》里描写安得列月夜听娜达莎唱歌前后所见到同一棵老橡树的两种根本不同的感受：去时觉得橡树丑陋古怪，是对青春的一种嘲笑；回时的感受则恰恰相反。"[①]很显然，这里的"老橡树"属于"物甲"，安得列听歌前后的不同感受制造了它的两种相反的形象，这两种形象都是"物乙"，是主观感受的变化导致了物的形象的变化。美是什么？朱光潜说美就是寄寓在"物乙"中的美感，是主观与客观的统一，它从不固定，而是时有时无、时强时弱、随时生成、不断变化的东西。

---

① 朱光潜：《美必然是意识形态性的》，见《朱光潜全集》第5卷，安徽教育出版社1989年版，第116页。

第四章　美学家续——诗歌美学研究

诗歌美学是朱光潜美学的核心，其代表作《诗论》无论是在朱光潜全部著述中，还是在整个中国现代诗学史上都占有重要地位。朱光潜的诗歌美学可归纳为“情趣”说。他认为情趣寄寓在语言中，语音的连接组成声音，语义的组合形成意象。情趣、声音、意象与语言四位一体，构成“情趣”说的四要素。

一、朱光潜及其《诗论》

朱光潜的一生与诗歌有着不解之缘。他从小就在宋诗派诗人潘季野（1876—1950）的影响下对中国旧诗产生了浓厚兴趣。进入香港大学以后，又跟着辛博森教授学习英诗。留学欧洲期间，他从十九世纪的浪漫派诗人入手，对西方诗歌进行了系统研读。所以，朱光潜说诗是他“平素用功较多的一种艺术”①。但是就像孔子的“述而不

① 朱光潜：《诗论·抗战版序》，见《朱光潜全集》第3卷，安徽教育出版社1987年版，第4页。

作”一样,他与诗的关系基本上是“读而不写”。在家国多难的抗战时期,他在给方东美(1899—1977)的一封信里说:“弟自入蜀以来,人事多扰,所学几尽废,而每日必读诗,惟不敢轻尝试,以自揣力不能追古人也。”①同年(1941),一个写新诗的青年人向朱光潜求教,他在回信中写道:“朋友,你的诗和信都已拜读。你要我‘改正’,并且‘批评’,使我很惭愧。在这二十年中我虽然差不多天天都在读诗,自己却始终没有提笔写一首诗,作诗的辛苦我只从旁人的作品中间接地知道,所以我没有多少资格说话。”②1975年,在给章道衡的信中,他又说:“弟素不能书,但爱读碑帖,正如素不能诗而每日必读诗。”③朱光潜晚年还以诗歌的形式表达了他和诗歌的关系。在给赵宝煦(1922—2012)的一首诗中他写道:“我未能诗爱读诗,喜公佳句沁心脾。孤芳一脉传千载,为祝东君善护持。”读而不能,这样说固然显得谦虚,但确实反映了他对诗歌创作的慎重态度。

朱光潜的诗歌现存约二十首,其中包括两幅挽联。较早的一首《宋王台

---

① 朱光潜:《致方东美》,见《朱光潜全集》第9卷,安徽教育出版社1993年版,第72页。

② 朱光潜:《给一位写新诗的青年朋友》,见《朱光潜全集》第3卷,安徽教育出版社1987年版,第267页。

③ 朱光潜:《致章道衡》,见《朱光潜全集》第10卷,安徽教育出版社1993年版,第430页。

凭吊诗》[①]写于他在香港大学读书期间,宋王台就在香港附近,是南宋陆秀夫背着小皇帝跳入大海的地方。除了《夏丏尊羊毛婚倡和诗》等三四首诗,朱光潜的诗大多写于新中国成立后。由于在写诗方面"不敢轻尝试",朱光潜的诗多为唱和诗[②]以及在著作上的题诗[③]。除了《自破自立二首》《颂春苗》《致铁苍老友》和《北戴河》这几首,一般都不是主动写的。从形式上看,朱光潜的诗多是古体。虽然有两首用的是白话,但只能称为顺口溜。相对来说,朱光潜的译诗水平较高。他译过华兹华斯、叶芝和彭斯等英国诗人的诗。华兹华斯的《露西》是朱光潜于 20 世纪 30 年代译的,用的还是古体诗的形式。叶芝的 9 首诗译于 20 世纪 40 年代,系白话新诗形式,可以代表朱光潜译诗的高度。彭斯的 3 首诗译于 20 世纪 50 年代,体现了彭斯诗歌的民间口语化风格。

很显然,朱光潜对新诗的贡献并不在于写,而在于论。尽管朱光潜不以诗人著称,但诗歌写作与翻译的经验无疑增强了他论诗的合法性。除了那本一版再版的《诗论》外,朱光潜还写了大量论诗文章和古诗赏析文章。这些一并构成了朱光潜诗学理论的大厦,而其主体部分无疑是《诗论》。关于《诗论》的第一个问题是,它到底写于何时?朱光潜对此有不同的说法。在《诗论》的《抗战版序》中,朱光潜说:"写成了《文艺心理学》之后,我就想对于平素用功较多的一种艺术——诗——作一个理论的检讨。在欧洲时就草成了纲要。"在 1980 年所写的《作者自传》中,作者说在英法留学的八年中,一直是他"心中主题的《诗论》,也写出了初稿"。前者说他在欧洲时只是

① 胡乔木等著:《朱光潜纪念集》,安徽教育出版社 1987 年版,第 187 页。

② 如《答荒芜诗二首》《戏和"讽袁诗"》《庚辰岁暮读抚五、无量先生唱和之作有感于怀依韵草成二章》。

③ 如《题黄天朋著〈韩愈研究〉》《题沈祖棻遗著〈涉江诗词稿〉》《自题〈谈美书简〉》。

“草成了纲要”，后者则说是“写出了初稿”。朱光潜是1933年秋回国的，朱自清在1933年10月3日的日记中说“朱孟实已到平”，五天后，“二朱”就见了面。但朱自清读《诗论》的时间远在朱光潜回国之前。1933年1月13日的朱自清日记中有“阅孟实《诗学》，甚佳”的记载，翌日又有“读《诗学》毕，大佳，大佳”的赞语。[①] 这表明早在朱光潜回国前，《诗论》已初具规模并在朋友圈子里传看了。只不过当时不叫《诗论》，而叫《诗学》。徐中舒用《诗论》初稿向胡适推荐朱光潜时，朱光潜本人尚未回国。这些情况表明《诗论》在作者留学期间就已经写出了初稿，而不只是纲要。否则，朱光潜就不会用它作为进入北大的“证件”，朱自清也不会对其做出“大佳”的评价。

回国后，在北大和武大授课的过程中，朱光潜不断修改，并有意重写《诗论》。他说：“我每次演讲，都把原稿大加修改一番。改来改去，自知仍是粗浅，所以把它搁下，预备将来有闲暇再把它从头到尾重新写过。”[②]后来，陈通伯等人要出一套文艺丛书，朱光潜才把这部“已经搁了七八年”的讲义拿出来发表了。这就是《诗论》的第一版，即“抗战版”，1943年由国民图书出版社出版。除序外，全书共十章：第一章《诗的起源》，第二章《诗与谐隐》，第三章《诗的境界——情趣和意象》，第四章《论表现——情感思想与语言文字的关系》，第五章《诗与散文》，第六章《诗与乐——节奏》，第七章《诗与画——评莱辛的诗画异质说》，第八章《中国诗的节奏与声韵的分析（上）：论声》，第九章《中国诗的节奏与声韵的分析（中）：论顿》，第十章《中国诗的节奏与声韵的分析（下）：论韵》，附录《给一位写新诗的青年朋友》。

1948年3月，正中书局出版了《诗论》的“增订版”，除增订版序外，增收

① 朱自清著：《朱自清全集》第9卷，江苏教育出版社1997年版，第185页。

② 朱光潜：《诗论·抗战版序》，见《朱光潜全集》第3卷，安徽教育出版社1987年版，第4页。

了第十一章《中国诗何以走上'律'的路(上):赋对于诗的影响》,第十二章《中国诗何以走上'律'的路(下):声律的研究何以特盛于齐梁以后?》和第十三章《陶渊明》。1984年7月,《诗论》出版了第3版"三联版",又增补了《中西诗在情趣上的比较》(附在第三章后)和《替诗的音律辩护》(附在第十二章后),并添了一篇后记。朱光潜逝世后,《诗论》被收入《朱光潜全集》第3卷(1987),又附录了初稿中原有的两章《诗的实质与形式》和《诗与散文》,这个版本可称为第4版,或"全集版"。

在我看来,《诗论》一书大致以起源论(第一章)为背景,以本体论为核心、以比较论为外围,以诗律论为基础。其中本体论包括"境界论"①(第三章)和"语言论"(第四章)两部分,比较论包括"诗与谐隐"(第二章)、"诗与散文"(第五章)、"诗与音乐"(第六章)和"诗与绘画"(第七章)四部分,诗律论包括"中国诗的节奏与声韵的分析"(第八、第九、第十章)和"中国诗何以走上'律'的路"(第十一、第十二章)两部分。第十三章《陶渊明》属于诗人传论,不合体例。总体而言,《诗论》的核心是以"境界论"为主体的本体论部分,"起源论"是它的一个背景,"比较论"显示了诗与别的文艺形式的差异,并突出了其自身的特征。"诗律论"为如何更好地表达诗的境界进行了技术分析和理论探讨。这些章节都是从不同层面对"境界论"展开的论证。

二、《诗论》"情趣"说剖析

事实上,在具体论证过程中,朱光潜并未对"境界"说做出有效的推进,

① 这里沿用"境界论"是为了与大多朱光潜研究者对《诗论》的传统观点保持一致,与笔者后面分析的"情趣说"并不矛盾。

而是把传统意义上的"境界"说发展成了具有现代性的"情趣"说。他在《诗论》里说："每个诗的境界都必有'情趣'和'意象'两个要素。"[①]以"情趣"界定"境界"，这是由朱光潜的人生观决定的，他既不悲观也不乐观而是达观，正如《谈人生和我》《看戏与演戏》等文显示的。达观的态度常常使他从现实世界超脱出来，生活在美妙的意象世界里。意象世界的核心就是他提倡的"人生艺术化"，而艺术化的人生就是充满情趣的人生。1934 年，朱光潜在《诗的隐与显——关于王静安的〈人间词话〉的几点意见》中明确地用"情趣"取代了"境界"："我以为诗的要素有三种：就骨子里说，它要表现一种情趣；就表面说，它有意象，有声音。我们可以说，诗以情趣为主，情趣见于声音，寓于意象。"[②]这里的"声音"指的是诗歌本身的节奏和韵律。除了在《诗论》中专章讨论诗与乐的关系，他还谈到鉴赏诗歌好坏的一个标准："一首诗到了手，我不求甚解，先把它朗诵一遍，看它读起来是否有一种与众不同的声音节奏。如果音节很坚实饱满，我断定它后面一定有点有价值的东西；如果音节空洞零乱，我断定作者胸中原来也就很空洞零乱。我应用这个标准，失败的时候还不很多。"[③]这正是朱光潜一再谈到诗歌朗诵问题，并在他家里举办读诗会的原因。

> 当时长于填词唱曲的俞平伯先生，最明中国语体文字性能的朱自清先生，善法文诗的梁宗岱、李健吾先生，习德文诗的冯至先生，对英文诗富有研究的叶公超、孙大雨、罗念生、周煦良、朱光潜、林徽因诸先生，

---

① 朱光潜：《诗论》，见《朱光潜全集》第 3 卷，安徽教育出版社 1987 年版，第 54 页。
② 朱光潜：《诗的隐与显》，见《朱光潜全集》第 3 卷，安徽教育出版社 1987 年版，第 355 页。
③ 朱光潜：《给一位写新诗的青年朋友》，见《朱光潜全集》第 3 卷，安徽教育出版社 1987 年版，第 271 页。

> 此外还有个喉咙大，声音响，能旁若无人高声朗诵的徐芳女士，都轮流读过些诗。朱、周二先生且用安徽腔吟诵过几回新诗旧诗，俞先生还用浙江土腔，林徽因女士还用福建土腔同样读过一些诗。总结看来，就知道自由诗不能在诵读上有什么意想不到的效力。不自由诗若读不得其法，也只是哼哼唧唧，并无多大意味。多数作者来读他自己的诗，轻轻的读，环境又优美合宜，因作者诵读的声容情感，很可以增加一点诗的好处。①

既然"情趣见于声音，寓于意象"，而声音与意象都是语言，或在语言中呈现出来的事物。正如朱光潜所说的："诗人用有音乐性的语言来传达他的情趣与意象。"②在《诗论》第四章《论表现——情感思想与语言文字的关系》中，他提出"情感思想和语言的三位一体论"，批驳了那种先有思想情感再有语言之类的传统看法，认为这三者是同时发生的，是三位一体的，并无先后之分。这里的"情感思想"表现在诗里就是"情趣"。换句话说，情趣和语言是同时发生的，情趣就在语言之中，语言表现的就是情趣，通过语言及其组合形成的声音和意象来表现情趣。所以，情趣、语言以及由语言组合而成的声音和意象就是同时产生的四位一体。这就是朱光潜的"情趣"说及其四要素。

（一）情趣

据我所知，"情趣"这个词最早出现于南朝宋代范晔的《后汉书》卷五十七："陶为人居简，不修小节。所与交友，必也同志。好尚或殊，富贵不求合；

---

① 沈从文：《谈朗诵诗》，见《沈从文全集》第17卷，北岳文艺出版社2009年版，第248页。

② 朱光潜：《诗的意象与情趣》，见《朱光潜全集》第9卷，安徽教育出版社1993年版，第244页。

情趣苟同,贫贱不易意。”[1]这里的“情趣”即性情志趣,属于表述日常人格的用语。受魏晋清谈影响,南朝的人物品评之风十分盛行,随着对人物品评的扩展和深入,人物的诗文书画也逐渐成为品评的对象,最有代表性的是梁代钟嵘的《诗品》。但《诗品》里并未运用“情趣”这个词。直到陈代,“情趣”才完成了这种转换而获得新意。姚最在《续画品》里评论沈粲的画作时说:“右笔迹调媚,专工绮罗,屏障所图,颇有情趣。”[2]从此以后,“情趣”从人物品评进入作品品评,意思也由从属于人物品格的“性情志趣”演变为文艺作品中的“情感趣味”,并逐渐被纳入文艺批评的领域。

但“情趣”这个词并未在中国古代文论中展开,盛行的是“感情”“滋味”“意境”以及“兴趣”等说法。[3] 直到明代以“三袁”为代表的公安派出现后才大谈其趣。他们这样做其实是故意对抗宋明“理趣”,强调任性而发,趣源于情,提倡“独抒性灵,不拘格套,非从自己胸臆流出,不肯下笔”[4]。尽管“三袁”重情谈趣,强调趣源于情,却不曾运用“情趣”这个词语。后来,王国维在接通中西、统览古今的基础上提出了其影响深远的“境界”说。我认为“情趣”作为一个诗学批评概念是现代才出现的,是朱光潜在融合中西文论的基础上推陈出新的结果。

朱光潜在著述中起初使用的是和“情趣”接近的“趣味”。“趣味”最早见于朱光潜的美学处女作《无言之美》(1924),他在该文中提到“美在弹性”

---

① (南朝宋)范晔著:《后汉书》,中华书局1993年版,第1243页。

② 谢赫、姚最撰:《古画品录 续画品录》,人民美术出版社1963年版,第12页。

③ 中国古书关于诗最早的说法是《尚书》中的“诗言志”,晋代的陆机提出“诗缘情而绮迷”的看法,从此“感情”成为中国古诗的核心要素;“滋味”说见于南朝钟嵘的《诗品》:“五言居文词之要,是众作之有滋味者也,故云会于流俗。”唐代王昌龄在《诗格》中提出“意境”说:“诗有三境:一曰物境……二曰情境……三曰意境。亦张之于意而思之于心,则得其真矣。”宋代的严羽在《沧浪诗话》中提出“盛唐诸公,唯在兴趣”的“兴趣”说。

④ 陈书良编:《公安三袁》,岳麓书社2000年版,第123页。

时说:“……美术作品之所以美,就美在有弹性,能拉得长,能缩能短。有弹性所以不呆板。同一美术作品,你去玩味有你的趣味,我去玩味有我的趣味……今天玩味有今天的趣味,明天玩味有明天的趣味。”[①]这里的“美在弹性”正是针对“趣味”而言的,它表明美对于不同的欣赏主体具有差异性,即使同一个欣赏主体在不同的时间和空间中所感到的趣味也不尽相同。朱光潜不仅把“趣味”用于美学论文中,在一般文章中也常常使用。在《给青年的十二封信》(1929)中,他认为读书需要趣味,生活也需要趣味,并引朱熹的诗《观书有感》说“趣味”正是生活的“源头活水”。[②] 这表明朱光潜的趣味主义人生观从青年时代就已经形成了。

在《文艺心理学》(1936)中朱光潜开始使用“情趣”,并把它提到很高的地位:“艺术家们……专以情趣为标准,重新把这个世界的颜色、形状和声音组合出条理来,另成一种较可满意的世界。”[③]把“情趣”作为安排组织作品的标准,这简直可以把作者对美的看法归结为“美在情趣”了;怪不得他在《文艺心理学》的缩写本《谈美》(1932)中认为“艺术是情趣的表现,而情趣的根源就在人生”。[④] 既然艺术的生活就是有情趣的生活,就是情趣丰富的生活,就是美满的生活,因而人生的情趣化就是人生的艺术化,或者反过来说“所谓人生的艺术化就是人生的情趣化”,这就是被朱自清先生称道的“孟实先生自己最重要的理论”——“人生的艺术化”。

那么,朱光潜赋予“情趣”这个古词什么新意呢?它显然不只是“感情”与“趣味”的简单组合,而是融成了一个整体的概念,其特点是出之于情而结

---

① 朱光潜:《无言之美》,见《朱光潜全集》第1卷,安徽教育出版社1987年版,第69页。
② 朱光潜:《给青年的十二封信》,见《朱光潜全集》第1卷,安徽教育出版社1987年版,第15页。
③ 朱光潜:《文艺心理学》,见《朱光潜全集》第1卷,安徽教育出版社1987年版,第219页。
④ 朱光潜:《谈美》,见《朱光潜全集》第2卷,安徽教育出版社1987年版,第91页。

之于趣,在感情与趣味的复合中侧重于趣的一面。需要强调的是,其趣源于情而不是理。朱光潜早年反对理智生活而推重感情生活,[①]认为真正的趣来自神情和自然,而非理智与学问。在这方面他分明继承了明代公安派的观点:“……此等皆趣之皮毛,何关神情。夫趣得之自然者深,得之学问者浅。”[②]他认为《判断力批判》(Kant:*Critique of Judgment*)是研究美学的必读书,而康德是提倡美的非功利性和审美趣味的。在谈到鉴赏的二律背反时,康德说:“鉴赏的第一种的常套语就是下面的一句话:每个人有他的自己的鉴赏(趣味)……”[③]由此可见,朱光潜的“情趣”说是融合中西诗学的结果。作为一位翻译家,朱光潜在翻译“感情”时多用“情趣”这个词。《文艺心理学》中引用的西方论著基本上都是朱光潜自己翻译的,在分析美感与生理的关系时,他移译了浮龙·李与汤姆生合著的《美与丑》中的片段,其中就用了“情趣”这个词:“这些雕像所以使我感动的并不是它们所表现的动作。我只顾到艺术作品的情趣,至于它所含的人物的情趣,我却不过问。”[④]此外,朱光潜还写过一篇《中西诗在情趣上的比较》(1934),该文从“情趣”的角度谈到中西诗歌的多种差异。这表明朱光潜把“情趣”当成了涵盖并接通中西美学的通约词。

需要说明的是,朱光潜在使用“情趣”时,并未放弃“感情”和“趣味”的使用。尤其是“情趣”和“趣味”意思非常接近,有时朱光潜将它们同时使用,其意略有不同。大体上,“情趣”是作品反映出来的客观意旨,而“趣味”则倾向于指欣赏者的审美修养。朱光潜曾这样分析贾岛的《寻隐者不遇》和崔颢

---

① 朱光潜:《谈情与理》,见《朱光潜全集》第1卷,安徽教育出版社1987年版,第40页。

② 陈书良主编:《公安三袁》,岳麓书社2000年版,第127页。

③ 康德:《判断力批判》,宗白华译,见《宗白华全集》第4卷,安徽教育出版社1994年版,第383页。

④ 朱光潜:《文艺心理学》,见《朱光潜全集》第1卷,安徽教育出版社1987年版,第261页。

的《长干行》:

> 两首诗之所以为诗,并不在这两个故事,而在故事后面的情趣,以及抓住这种简朴而隽永的情趣,用一种恰如其分的简朴而隽永的语言表现出来的艺术本领。……读诗就要从这种看来虽似容易而实在不容易做出的地方下功夫,就要学会了解此种地方的佳妙。对于这种佳妙的了解和爱好就是所谓"趣味"。①

也就是说诗歌中的"情趣"反映了诗人的审美趣味,并能激发和培养读者的审美趣味。在朱光潜看来,情趣是艺术和人生的中介,艺术表现情趣,情趣源于生活。所以艺术表现的实际上是人们在生活中的情趣,而情趣与趣味就意味着"对于生命的澈悟和留恋"②,这正是朱光潜"情趣"说的真正含义。朱光潜把情趣和生命联系了起来,并在美学中加以展开,从而使"情趣"获得了深层含义。综上所述,朱光潜在写《诗论》之前就已经使用并推崇"情趣"在审美活动中的地位了。因此,他在《诗论》中用"情趣"替代王国维"境界"说中的"感情"就显得顺理成章了。

"情趣"是个适用范围很广的概念。朱光潜认为它集中体现在恋爱方面:"性欲是最强的本能,带有最丰富的情趣,民歌多以恋爱为'母题',也不过因为它比较有趣罢了。"③在朱光潜看来,包括恋爱在内的所有情趣是有高低之别的。他认为"文学本身上的最大毛病是低级趣味"。为此,他仿照章

① 朱光潜:《谈读诗与趣味的培养》,见《朱光潜全集》第3卷,安徽教育出版社1987年版,第351页。
② 朱光潜:《谈读诗与趣味的培养》,见《朱光潜全集》第3卷,安徽教育出版社1987年版,第352页。
③ 朱光潜:《性欲"母题"在原始诗歌中的位置》,见《朱光潜全集》第8卷,安徽教育出版社1993年版,第486页。

实斋的《古文十弊》写了《文学上的低级趣味》,从作品内容和作者态度两方面结合实际谈了何谓文学上的低级趣味。[①] 朱光潜心目中的高级趣味,或者说他欣赏的情趣主要是谐趣和禅趣或静趣。“谐”就是“说笑话”,又被称为“滑稽”,是喜剧的雏形。关于谐趣,朱光潜说:“从心理学观点看,谐趣(the sense of humour)是一种最原始的普遍的美感活动。”它就是“以游戏态度,把人事和物态的丑拙鄙陋和乖讹当作一种有趣的意象去欣赏”[②]。朱光潜特别看重谐趣在诗中的地位,他认为:“诗人的本领就在能谐,能谐所以能在丑中见出美,在失意中见出安慰,在哀怨中见出欢欣,谐是人类拿来轻松紧张情境和解脱悲哀与困难的一种清泻剂。”谐的本质就是“对于命运开玩笑”,它“是一种遁逃,也是一种征服,偏于遁逃者以滑稽玩世,偏于征服者以豁达超世”[③]。前者便是“易为亦易欣赏”的“喜剧的诙谐”,后者便是“难为亦难欣赏”的“悲剧的诙谐”。他认为陶潜和杜甫能于悲剧中见诙谐,而刘伶和金圣叹则能从喜剧中见诙谐。朱光潜还进一步强调说:“……在伟大的诗篇中,悲中往往有喜,喜中也往往有悲,正如典型的如来佛面孔,你说不出那里是悲悯还是喜悦。这就由于严肃与幽默的同一,这也足见诗的无限。”[④]朱光潜对谐趣的偏爱是他的趣味主义人生观的产物。

谈到中西诗在情趣上的差异时,朱光潜认为中国诗的一个不足是“哲学思想的平易和宗教情操的淡薄”。他认为老庄只是使游仙诗人们“超世而不能超欲”,因此最终也不能走出徘徊而获得心灵的安顿。除了道家学说以

---

① 朱光潜谈到的十种低级趣味是:侦探故事;色情的描写;黑幕的描写;风花雪月的滥调;口号教条;无病呻吟,装腔作势;憨皮臭脸,油腔滑调;摇旗呐喊,党同伐异;道学冬烘,说教劝善;涂脂抹粉,卖弄风姿。详见《朱光潜全集》第4卷,安徽教育出版社1988年版,第178—193页。

② 朱光潜:《诗论》,见《朱光潜全集》第3卷,安徽教育出版社1987年版,第27页。

③ 朱光潜:《诗论》,见《朱光潜全集》第3卷,安徽教育出版社1987年版,第31页。

④ 朱光潜:《诗的严肃与幽默》,见《朱光潜全集》第9卷,安徽教育出版社1993年版,第315页。

外，朱光潜认为对中国诗影响较深的就是佛学了。他说："'禅趣'是和尚们静坐山寺参悟佛理的趣味。""'禅趣'中最大的成分便是静中所得于自然的妙悟。"[①]朱光潜认为陶潜、谢灵运、王维和苏轼受佛教影响最深，因而是富于"禅趣"的诗人。但是他认为"佛教只扩大了中国诗的情趣的根底，并没有扩大它的哲理的根底"。因而，中国诗只能达到"幽美的境界而没有达到伟大的境界"。所以，朱光潜认为这是佛教对中国诗的一种有益而不完美的补偿。禅趣的实质是静趣，或者说，僧人的禅趣对于常人来说就是静趣。朱光潜说："人生乐趣一半得之于活动，也还有一半得之于感受。"其实他还是倾向于感受，也就是倾向于"静趣"的人。他说："大约静中比较容易见出趣味……我所谓'静'，便是指心界的空灵，不是指物界的沉寂。"[②]并认为一个人的心境越空灵越觉不到物界的沉寂和嘈杂，正如他推崇的陶潜所说的那样："结庐在人境，而无车马喧。问君何能尔，心远地自偏。"由于朱光潜是一个欣赏静趣的人，所以他不止一次称道小林一茶的诗："不要打哪，苍蝇搓他的手，搓他的脚呢。"[③]认为这句优美的诗最能代表他所谓的静趣。

这种静趣体现在作品中就会形成一种和平静穆的风格。因而朱光潜对这类作品最为欣赏，他认为钱起的诗"曲终人不见，江上数峰青"表现的是"消逝之中有永恒"的道理，它所表现的情感不只是凄凉寂寞，而是一种得到归依的"静穆"美。朱光潜推崇古希腊的造型艺术，认为静穆是诗歌的最高境界。在中国古代诗人中他最喜欢陶潜："屈原、阮籍、李白、杜甫都不免有些像金刚怒目，愤愤不平的样子。陶潜浑身是'静穆'，所以他伟大。"[④]这个

---

① 朱光潜：《诗论》，见《朱光潜全集》第3卷，安徽教育出版社1987年版，第84—85页。
② 朱光潜：《给青年的十二封信》，见《朱光潜全集》第1卷，安徽教育出版社1987年版，第15页。
③ 朱光潜：《给青年的十二封信》，见《朱光潜全集》第1卷，安徽教育出版社1987年版，第15页。
④ 朱光潜：《说"曲终人不见江上数峰青"》，见《朱光潜全集》第8卷，安徽教育出版社1993年版，第396页。

观点遭到了鲁迅的批评：

……但“摘句”又大足以困人，所以朱先生就只能取钱起的两句，而踢开他的全篇，又用这两句来概括作者的全人，又用这两句来打杀了屈原，阮籍，李白，杜甫等辈，以为“都不免有些像金刚怒目，愤愤不平的样子”。其实是他们四位，都因为垫高朱先生的美学说，做了冤屈的牺牲的。①

对此，朱光潜并没有答复，但后来他曾做过辩护：“我说他‘浑身都是静穆’，是指陶诗主流而言，我并没有想到招致鲁迅先生的批评，所以没有很讲究用语的分寸。但是我认为文学艺术是一种审美创造活动，它的创造者应当以一种超越一切忧喜的纯粹审美的态度来观照社会人生，而不应当直接卷入社会人生中的纷繁矛盾冲突之中。”②此事表明朱光潜淡于论争的立场，这是由他的趣味主义批评观决定的。朱光潜认为凡是好的文艺作品各有各的趣味和特色，只要作者能把他体验到的情趣尽可能完美地表现出来就是好作品。至于不同作品之间的优劣差异，很难用一个固定的标准来评定，只能说它们情趣不同，特色各异。他说：“文艺是创造的，各人贵有独到……某一地某一时的文艺，不同愈多，它的活力也就愈大。”这种百花齐放皆为美、万紫千红总是春的见解体现了朱光潜趣味主义批评的实质。换句话说，趣味主义批评坚持对同一个问题持相反的意见可能都没有错的原则。他说：

---

① 鲁迅：《“题未定”草》，见《吴中杰评点鲁迅杂文（下）》，吴中杰编著，复旦大学出版社 2000 年版，第 1151 页。

② 金绍先：《“曲终人不见，江上数峰青”——忆朱光潜与鲁迅的一次分歧》，见《朱光潜与中国现代文学》，商金林编，安徽教育出版社 1995 年版，第 181 页。

“甲乙意见相反而都不错的可能,从名学看,似乎不能成立;从心理学看,却是千真万确。我相信文艺批评家应该打破的第一难关就是认识甲乙意见相反而都不错的可能性。”[①]在朱光潜看来,文坛上的许多论争都是因为不曾看到这种“意见相反而都不错的可能性”。朱光潜认为“文艺标准是修养出来的纯正的趣味”[②],所谓“纯正的趣味”其实就是广博的趣味。这不是取消文艺标准,而是表明文艺标准可以有多种形态。要理解“纯正”,还需要联系当时的社会背景。20世纪30年代,中国文学的政治性特别突出,各种关于政治的文学论战层出不穷。“新鸳鸯蝴蝶派”之类的书商型作家唯利是图,用奇艳而刺激的内容来吸引读者。由此而言,“纯正的文学趣味”是针对文学的政治色彩和商业气息而言的。

(二)意象

至于意象,可以说与情趣密切相关。在审美活动中,主观心境与客观物象在互动中形成情趣与意象的融合。分析美感经验的特点时,朱光潜认为:“在聚精会神的观照中,我的情趣和物的情趣往复回流。有时物的情趣随我的情趣而定……有时我的情趣也随物的姿态而定……”[③]审美主体在这种物我两忘的心境中所直觉到的形象就是诗歌意象的雏形:“这个形象一半是古松所呈现出来的,也有一半是观赏者本着当时的性格和情趣而外射出去的。”[④]朱光潜在分析美感经验的特点时往往以欣赏古松为例,这里所说的“一半”“一半”只是大致而言,并非双方是一半对一半的关系。其中“物的姿态”形成了作品的题材,而“情趣”则是作者的意旨。作者的情趣投射于

---

① 朱光潜:《心理上个别的差异与诗的欣赏》,见《朱光潜全集》第8卷,安徽教育出版社1993年版,第461—462页。

② 朱光潜:《谈趣味》,见《朱光潜全集》第3卷,安徽教育出版社1987年版,第348页。

③ 朱光潜:《文艺心理学》,见《朱光潜全集》第1卷,安徽教育出版社1987年版,第237页。

④ 朱光潜:《文艺心理学》,见《朱光潜全集》第1卷,安徽教育出版社1987年版,第215页。

"物的姿态"上,以它为基础加以展开,并受它制约,二者在特定点上的契合就预示着一首诗的诞生。在此过程中,作者的情趣通过相应的意象表达了出来,而"物的姿态"一旦进入作品就会受到作者情趣的剪裁和渗透,因而成为充满情趣的意象。骆宾王在狱中听蝉感到的是"露重飞难进,风多响易沉",虞世南感到的是"居高声自远,非是藉秋风",李商隐感到的是"烦君最相警,我亦举家清"。同是听蝉,唤起的却是不同的情趣,这种差异关键取决于诗人当时不同的心境,正是这种不同的心境造成了他们面对同一种客观物象时形成了不同的情趣。很明显,诗人的心境对于诗歌的情趣起着决定性的作用。但是,如果这种心境找不到相应的客观物象来表达,它还是无法得到表现和寄托。由此可见,情趣的表达是在主观情趣寻求客观物象、客观物象契合主观情趣的互动过程中确定的。主观心境一旦找到了相应的客观物象,物象本身就会处于诗人心境的弥漫之中,并成为表现情趣的意象。

从主观心境与客观物象的契合到情趣与意象的互渗仍然处于构思阶段,只有用文字把它表达出来才算最终完成一首诗的创作。朱光潜认为诗歌的创作过程就是情趣的明朗化过程,而"明朗化就是具体的情趣见于具体的意象"。为了说明诗歌创作的明朗化这个问题,他在王国维"出入"说的基础上提出了诗歌创作中的"两度情绪"说。所谓"出入"说见《人间词话》第60条:"诗人对宇宙人生,须入乎其内,又须出乎其外。入乎其内,故能写之;出乎其外,故能观之。入乎其内,故有生气;出乎其外,故有高致。"朱光潜认为感受情绪是实际人生的事,回味情绪才是艺术的事。感受情绪是入,回味情绪是出。在实际人生中感受到的那种生糙自然的情绪是第一度情绪,而回味起来的情绪才是第二度情绪(即后来在诗中得到表现的情趣)。[1] 第二

① 朱光潜:《诗的意象与情趣》,见《朱光潜全集》第9卷,安徽教育出版社1993年版,第373页。

度情绪连着它所由起的具体的情境，同时很明确地反映于意识，从而形成一个融景于情、借景抒情、情景交融的艺术境界。

朱光潜认为“诗的境界在刹那中见终古，在微尘中显大千，在有限中寓无限”[①]，诗歌之所以能超越时空、臻达永恒依靠的就是意象的力量。何谓“意象”？“意象是个别事物在心中所印下的图影。”[②]显而易见，意象是着意之象。它不再是客观的物象，而是融合了诗人主观心理的物象。从构思想象中的混沌流动，到凝定于作品中的完整明晰，再到读者接受时的千差万别，意象无疑是诗歌的基本单位。艺术家和思想家的不同就在于艺术家用的是具体的意象，而思想家用的是抽象的概念。因而，意象是诗歌作为一种文体的典型标志。一首诗如果意象单薄、模糊或破碎，就不可能是好诗。李白的《玉阶怨》、王昌岭的《长信怨》和《闺怨》表达的情趣都是“怨”，但是这些“怨”都不是直接道出的，而是通过鲜明的意象表现出来的，并且不同的意象表现的是不同的怨情。“却下水精帘，玲珑望秋月”写的是平民的痴情之思；“玉颜不及寒鸦色，犹带昭阳日影来”写的是宫女失宠的哀怨；“忽见陌头杨柳色，悔教夫婿觅封侯”写的是少妇让夫婿求取功名，而不能与自己共度韶华的怨悔。正是这些不同的意象营造了情趣深永的艺术空间。因而，朱光潜认为：“艺术……是根据自然而另外建立的一个意象世界（ideal world）。”[③]

从某种意义上来说，写诗就是为某种情趣寻求相应的意象。在朱光潜看来，意象的发生必须具备两个重要条件：首先，意象是一种形象的直觉。在诗人的凝神观照下，处于孤立绝缘状态的客观物象直接呈现于诗人的眼

---

① 朱光潜：《诗论》，见《朱光潜全集》第3卷，安徽教育出版社1987年版，第50页。

② 朱光潜：《诗的意象与情趣》，见《朱光潜全集》第9卷，安徽教育出版社1993年版，第369页。

③ 朱光潜：《诗的意象与情趣》，见《朱光潜全集》第9卷，安徽教育出版社1993年版，第373页。

前，诗人专注于物象本身而不旁迁他涉。这样，诗人的情趣与物的姿态往复交流，人情与物理在不知不觉中就会相互渗透。“这种脱净了意志和抽象思考的心理活动叫做‘直觉’，直觉所见到的孤立绝缘的意象叫做‘形象’。”[①]因而，意象的发生需要主体的聚精会神，客体的孤立绝缘，以及主体对客体的移情和内模仿。这往往是一个反复交流与相互渗透的长期过程。其次，外在的意象必须能够恰切地表现出一种内在的情趣。这种内外的转换与融合实际上就是朱光潜所说的“触类旁通”的道理。诗歌是抒情的文学，人情是抽象的，而事物是具体的，人情事物本非同类。但是异质之物往往有同构相通之处，抓住其同构相通之处，就能借助具体的事物表现出抽象的感情。因而，文学创作的方法就是“拿物理来使人情变为具体形象”[②]。这样，诗人就把他的感情渗透附着于意象之上，读者就可以在有限的画面中体味出无尽的情趣。正如朱光潜总结的：

> 景是各人性格和情趣的返照。情趣不同则景象虽似同而实不同。比如陶潜在“悠然见南山”时，杜甫在见到“造化钟神秀，阴阳割昏晓”时，李白在觉得“相看两不厌，惟有敬亭山”时，辛弃疾在想到“我见青山多妩媚，料青山见我应如是”时，姜夔在见到“数峰清苦，商略黄昏雨”时，都见到山的美。在表面上意象（景）虽似都是山，在实际上却因所贯注的情趣不同，各是一种境界。我们可以说，每人所见到的世界都是他自己所创造的。物的意蕴深浅与人的性分情趣深浅成正比例，深人所见于物者亦深，浅人所见于物者亦浅。[③]

---

① 朱光潜：《谈美》，见《朱光潜全集》第2卷，安徽教育出版社1987年版，第11页。

② 朱光潜：《目送归鸿，手挥五弦》，见《朱光潜全集》第10卷，安徽教育出版社1993年版，第351页。

③ 朱光潜：《诗论》，见《朱光潜全集》第3卷，安徽教育出版社1987年版，第55页。

由此可见，不同的意象其实是不同情趣作用的结果，这正是诗人的创造不会穷尽的原因所在。同理，读者的欣赏也是不会穷尽的："……同是一首诗，你今天读它所得的和你明天读它所得的也不能完全相同，因为性格、情趣和经验是生生不息的。欣赏一首诗就是再造(recreate)一首诗；每次再造时，都要凭当时当境的整个的情趣和经验做基础，所以每时每境所再造的都必定是一首新鲜的诗。"①诗之所以具有这种令人体味不尽的魅力，正在于其中浓缩着表达情趣的意象。诗人正是借助有限的意象实现了对"无限"的追求和表达。一方面，意象可以"在刹那中见终古"，实现对时间的超越；另一方面，意象可以"在微尘中显大千"，实现对空间的超越。

诗人对情趣表达的优劣取决于他所选用和描画的意象，意象的鲜明生动无疑能增强表现情趣的效果。莱辛在《拉奥孔》中认为"画只宜于描写静物，诗只宜于叙述动作"，同时指出了相应的突破方法，朱光潜对此总结道："图画叙述动作时，必化动为静，以一静面表现全动作的过程；诗描写静物时，亦必化静为动，以时间上的承续暗示空间中的绵延。"②莱辛的这些观点构成了朱光潜意象理论的潜在基础。朱光潜一向推崇华兹华斯的名言："诗起于经过在沉静中回味来的情绪(emotions recollected in tranquility)。"③并认为诗歌就是旺盛的酒神精神投影于静穆的日神精神的产物。因而诗人写诗从总体上看是一种追忆，一种对往事和情感的反观和再体验。诗人对时间意识的表达往往从写诗的当下那一刻作为切入点，之后追忆流年或者预想后事，甚至呈现出更加复杂的形态。因此，形成追忆式、今昔对比式、前瞻

---

① 朱光潜：《诗论》，见《朱光潜全集》第3卷，安徽教育出版社1987年版，第56页。
② 朱光潜：《诗论》，见《朱光潜全集》第3卷，安徽教育出版社1987年版，第143页。
③ 朱光潜：《诗论》，见《朱光潜全集》第3卷，安徽教育出版社1987年版，第63页。

式、贯通式、即事式和回环式等基本模式。无论诗人写的时间在短暂与久远上有多大不同,相对于整个宇宙来说都不过是一刹那。这一刹那,正如朱光潜所说的,“是从混整的悠久而流动的人生世相中摄取来的一刹那”,但是,“本是一刹那,艺术灌注了生命给它,它便成为终古,诗人在一刹那中所心领神会的,便获得一种超时间性的生命,使天下后世人能不断地去心领神会”①。这正是诗歌意象的魅力所在。

一般来说,一首即使很短的诗也不会由单一意象构成。只要意象不同,就会存在一个组合问题,意象的不同组合就会形成意象的不同空间分布。意象的空间分布就像绘画的构图一样,是个十分值得重视的问题。诗歌的核心意象和烘托意象、静态意象与动态意象以及实物意象和虚拟意象的分布不同,其表达情趣的效果也不同。大体来说,意象的不同组合可以分为主次型和并列型两种。主次型的意象组合往往有一个核心意象,其他意象则作为烘托意象从正面或反面对核心意象加以烘托。并列型的意象组合情况比较复杂:或把一组意象并列起来描述一种现象或意旨,或造成对比效应,或合成新的情趣。可以说,意象的空间因素决定着一首诗是否充实丰盈,而意象空间的分布则决定着诗歌境界的宽窄深浅,以及开拓出来的想象空间的大小多少。一首好诗的意象营造与空间分布应如王夫之评崔颢的《长干行》时所说的:“墨气所射,四表无穷,无字处皆其意也。”诗歌的这种无限空间正是由实物意象引发的虚拟意象营造出来的:“君家住何处?妾住在横塘。停船暂借问,或恐是同乡。”无边的江面上有两只偶然相逢的小船,开船的女子想知道对方是不是自己的同乡,便把船停下来,问对方家在哪里,并说自己住在横塘。诗人截取的就是女子的这几句话(实物意象),却未写到

① 朱光潜:《诗论》,见《朱光潜全集》第3卷,安徽教育出版社1987年版,第50页。

对方的回答以及江水船只方面的环境因素(虚拟意象)。但是阅读之后,读者不能不如见其人如临其境,在为女主人公的一片乡情所打动的同时,不由得不想象她问的那个人到底是不是她的同乡。这种以实带虚、虚实结合手法的运用极大地拓展了诗歌的艺术空间。

意象的空间分布常常和时间形态紧密相连。在这方面,杜甫的诗表现得最为突出。诗人后期如同沙鸥一般漂泊西南天地间,“万里悲秋常作客”;而“百年多病独登台”则从时间上落笔,突出漂泊生涯的困苦漫长。此时的诗人无酒浇愁,带着满头白发独自登上高台,所见景物无不处于变动飘摇之中:秋风尽吹,落叶满地,鸟飞猿啸,长江滚滚,大有岁之将尽、人之将老之感。这种阔大深沉的境界正是来源于时空交织。正如朱光潜所说的:“诗的境界……是从时间与空间中执着一微点而加以永恒化与普遍化。它可以在无数心灵中继续复现,虽复现而却不落于陈腐,因为它能够在每个欣赏者的当时当境的特殊性格与情趣中吸取新鲜生命。”①

(三)声音

与意象相比,诗歌的声音要素常常遭到不应有的忽视。朱光潜极力强调声音对于诗的重要意义。他说:“声音节奏是情趣的直接的表现,读诗如果只懂语文意义而不讲求声音节奏,对于诗就多少是门外汉。”②所以,朱光潜曾这样归纳诗的要素:“诗人用有音乐性的语言来传达他的情趣与意象……诗的要素……不外(一)情趣(二)意象(三)语言三事。”③把语言界定为“有音乐性的”,自然暗含了声音这个要素。他曾以李白的《玉阶怨》为例分析过语言的声音和意象:

---

① 朱光潜:《诗论》,见《朱光潜全集》第3卷,安徽教育出版社1987年版,第50页。
② 朱光潜:《研究诗歌的方法》,见《朱光潜全集》第9卷,安徽教育出版社1993年版,第207页。
③ 朱光潜:《诗的难与易》,见《朱光潜全集》第9卷,安徽教育出版社1993年版,第244、245页。

就音说，它有一种整齐的格律，声与韵组成一种和谐的音乐，念起来顺口，听起来悦耳。如果细加玩索，这音乐也很适合于诗所要表现的情调。就义说，它写出一些具体事物的意象，如“玉阶”、“白露”之类。这些意象可以个别的用感官知觉去领会。温度感在这首诗中最显著，多数意象都令人觉得“清冷”。其次是视觉，玉阶、白露、水精帘、秋月等都有看得见的形状色彩。“生”、“侵”、“下”、“望”四个动词可以起筋肉运动感觉。“生白露”与“下水精帘”还可能有听得见的声音。……这里的许多意象都朝着一个总效果生发，它们融成一体，形成一个完整的境界，可以看成一幅画或一幕戏。[①]

朱光潜说：“所谓意象，原不必全由视觉产生，各种感觉器官都可以产生意象。”[②]因此也可以称诗歌的声音要素为“听觉意象”，以对应于常说的“视觉意象”。《诗论》全书十三章，朱光潜用五章专门来谈声音，《诗论》从第八章到第十二章分别是对中国诗的节奏与声韵的分析和对中国诗何以走上“律”的路的阐释。第五章和第六章谈的是诗与散文、诗与音乐的比较，这两章大量涉及诗歌的声音问题。谈声音的文字合起来约占全书一半的篇幅。由此可以看出他对诗歌的声音多么重视。为了提高作者和读者认识声音在诗歌中的重要地位，他甚至有意建立一门诗歌的“声响学”。

声音为何在诗歌中占有如此重要的地位，或者换句话说，讨论诗歌为什么一定要特别提出声音这个问题呢？朱光潜通过分析诗与散文的不同，得

---

① 朱光潜：《诗的意象与情趣》，见《朱光潜全集》第9卷，安徽教育出版社1993年版，第370页。

② 朱光潜：《诗论》，见《朱光潜全集》第3卷，安徽教育出版社1987年版，第58页。

出“诗是具有音律的纯文学”[①]的结论。他认为诗的音律起于情感的自然需要。由于诗是一种抒情的文体，诗的情趣是缠绵不尽、往而复返的，诗的音律恰好与此相应。因此，音律成为诗歌区别于散文的一个必要条件。因此，朱光潜明确提出“声音节奏是情趣的直接的表现”，要领会诗歌的情趣“必从文字的声音上体验”[②]的观点，并坚持用这种观点分析诗歌：

> 江南可采莲，莲叶何田田！鱼戏莲叶间，——鱼戏莲叶东，——鱼戏莲叶西，——鱼戏莲叶南，——鱼戏莲叶北。这首诗头两句用韵而后面忽然不用韵，有人以为它是中国唯一的无韵诗，其实与其说它是无韵诗，不如说它后半每句一换韵。这种没有定准的音节恰能描写鱼戏时飘忽不定的情趣。[③]

朱光潜还曾把《诗经》中的名句“昔我往矣，杨柳依依；今我来思，雨雪霏霏”译为现代散文：“从前我走的时候，杨柳还正在春风中摇曳；现在我回来，天已经在下大雪了。”并比较说：“原诗的意义虽大致还在，它的情致就不知去向了。义存而情不存，就因为译文没有保留住原文的音节。”因而他认为诗较散文难翻译，“就因为诗偏重音而散文偏重义，义易译而音不易译”[④]。这一点从反面证明了声音对于诗歌的重要意义。因此，朱光潜说：“诗是情感的语言，而情感的变化最直接的表现是声音节奏。这是诗的命脉。读一首诗，如果不能把它的声音节奏的微妙起伏抓住，那根本就是没有领略到它

---

① 朱光潜：《诗论》，见《朱光潜全集》第3卷，安徽教育出版社1987年版，第112页。
② 朱光潜：《诗论》，见《朱光潜全集》第3卷，安徽教育出版社1987年版，第112页。
③ 朱光潜：《替诗的音律辩护》，见《朱光潜全集》第3卷，安徽教育出版社1987年版，第239页。
④ 朱光潜：《诗论》，见《朱光潜全集》第3卷，安徽教育出版社1987年版，第113页。

的意味。”[①]所以，朱光潜把声音视为诗的“最重要的成分却也是最难的成分”，并把对声音反应迟钝的人称为“音聋”者。“音聋”者表现出来的是对诗歌声音的无知或知之偏狭。朱光潜认为造成“音聋”现象的成因是多方面的。首先是主体方面的原因，或起于先天的，或起于种族差别的，或起于习惯与修养，等等。其次是因为声音节奏是诗的最难懂的一部分，甚至被朱光潜看作造成诗歌晦涩的一个成因。他说：“每个诗人甚至于他的每一首诗，因为是一种特殊个性与特殊情趣的表现，都有他的特殊的声音节奏。”这就在客观上给读者的把握造成了一定的难度。

只有意识到诗歌是一门声音的艺术才有可能对诗歌的“声响学”进行自觉的理论建设。朱光潜一方面在自己家里发起了“读诗会”活动，同时在《诗论》里对声、顿和韵这些声音的因素逐章进行了技术性分析，以破除或减少“音聋”现象的发生。这里以对中国诗的节奏影响最大的“顿”为例加以分析。中国古诗具有鲜明的句式特点和停顿节奏，“粗略地说，四言诗每句两顿，五言诗每句表面似仅含两顿半而实在有三顿，七言诗每句表面似仅含三顿半而实在有四顿……”[②]在具体的诗歌中，音顿和义顿可能出现不统一的地方，这就会使得诗歌的节奏处于分裂状态。音顿仅仅从语言的声音这个角度来定位，属于音乐的、形式化的、原型的节奏，有可能会造成语义的割裂。如“涉江—采芙—蓉”“暗香—浮动—月黄—昏”等就是如此。而义顿仅仅从语义这个角度来划分，读下来就是“涉江—采—芙蓉”“暗香—浮动—月—黄昏”，这种自然的、个别的节奏是与语言声音的先抑后扬规律相违背的，也不容易形成普遍的韵律感。如果加以协调，以义顿为主，音顿为辅，读

---

① 朱光潜：《谈晦涩》，见《朱光潜全集》第8卷，安徽教育出版社1993年版，第535页。

② 朱光潜：《诗论》，见《朱光潜全集》第3卷，安徽教育出版社1987年版，第174页。

成“涉江—采/芙蓉”“暗香—浮动—月/黄昏”，这就比较合理了。这是针对比较程式化的旧诗来说的，新诗同样存在这个问题，“如果用语言的自然的节奏，使音的‘顿’就是义的‘顿’，结果便没有一个固定的音乐节奏，这就是说，便无音‘律’可言……如果照旧诗一样拉调子去读，使它有一个形式的音乐节奏……听起来不自然，未免带有几分喜剧的意味”①。由此可见，如何使语言声音的节奏和意义的节奏协调起来就成了营造诗歌“声响学”的关键。语言音义的冲突是一种比较普遍的客观存在，因此，诗歌创作者应该有效地找到克服的办法：“理想的诗应能调和语言节奏与音乐节奏的冲突，意义的停顿应与声音的停顿一致。”②无论诗歌创作与诗歌欣赏都应促成音义的和解，正如朱光潜在谈到诗歌朗诵时所说的：“理想的诗歌朗诵，正如理想的诗歌一样，必须求得语言的自然节奏与音律的形式节奏的谐和统一，这就是既能表情，又有音乐美。”③

“五四”以后，新诗逐渐取代了旧体诗的位置而成为中国诗歌的主流。一般来说，新诗有两大特色，一是用白话代替文言，二是以自由取代格律。前者基本上是一个语言问题，暂且不论；后者标明的以自由取代格律，问题是形式的自由在不失其为诗的情况下能自由到什么地步。诗歌再自由也不会自由到散文的地步，尤其不可能失去有音乐性的声音这个要素。在朱光潜看来，新诗不是要废除旧体诗的格律，而是要更新旧体诗的格律，推动新诗的发展就要实现这两种诗体的格律转换。早在1928年，朱光潜在《诗的实质与形式》中就提出了这个问题：“将来我们如果要做较满意的新诗，对于格律应持如何态度？”经过层层辨析之后，朱光潜肯定了诗歌格律的合理性，

---

① 朱光潜：《诗论》，见《朱光潜全集》第3卷，安徽教育出版社1987年版，第181—182页。

② 朱光潜：《编辑后记(二)》，见《朱光潜全集》第8卷，安徽教育出版社1993年版，第549页。

③ 朱光潜：《谈诗歌朗诵》，见《朱光潜全集》第10卷，安徽教育出版社1993年版，第367页。

并做出结论:“新诗人的当务之急,我以为不在放弃格律而在于格律之中求变化。”民歌一向被认为是自由的创作,但朱光潜对它深入研究后发现它一样有固定的形式,如重叠、和声、衬字等。他由此得出结论:“诗的形式多少是现成的,沿袭的,外在的;不是每个诗人根据他的某一时会特殊的情趣所凭空制造出来的。”[①]因此,他对当时废除格律的新诗人的做法充满了质疑:“我颇怀疑一部分新诗人摈弃格律的理由是否充足,办法是否聪明。我十分赞成自觉不用格律为便而就不用格律,但是我想不出理由说那是诗而不是散文。”[②]

朱光潜肯定新诗格律意义的依据主要隐含在他提出的两个关键问题中:首先一个问题是以往的诗何以有格律,其历史根源何在?朱光潜认为“所谓格律就是章句长短和声调平仄开合的定型”,是“有规律的抑扬顿挫”。[③] 诗为什么要有格律呢?从历史起源上来看,诗、乐、舞是三位一体的混合艺术。律诗是中国诗的体裁中最特别的律体诗,它始于晋宋齐梁,而极盛于唐,唐以后的词曲实际上是律诗的化身。那么,律诗这种在中国诗歌中占有重要地位并发生重大影响的诗体是怎么形成的呢?朱光潜的解释是:

> 一、声音的对仗起于意义的排偶,这两个特征先见于赋,律诗是受赋的影响。二、东汉以后,因为佛经的翻译与梵音的输入,音韵的研究极发达。这对于诗的声律运动是一种强烈的刺激剂。三、齐梁时代,乐府递化为文人诗到了最后的阶段。诗有词而无调,外在的音乐消失,文

---

① 朱光潜:《从研究歌谣后我对于诗的形式问题意见的变迁》,见《朱光潜全集》第8卷,安徽教育出版社1993年版,第416页。

② 朱光潜:《诗的格律》,见《朱光潜全集》第9卷,安徽教育出版社1993年版,第422页。

③ 朱光潜:《诗的格律》,见《朱光潜全集》第9卷,安徽教育出版社1993年版,第419页。

字本身的音乐起来代替它。永明声律运动就是这种演化的自然结果。①

第一点说是受相关文体赋的影响,是外因;第二点看似受外部影响(佛经的翻译和梵音的输入),其实是律诗形成的声律理论基础,因而是内因;而第三点则是从诗的历史发展角度来谈的,当然是内因。很显然,这三种影响最重要的是第二点(理论基础),其次是第三点(历史动因),而第一点只不过是外部原因,也许比较直接一些,但并不像朱光潜所强调的那样是"最大的影响"。韵是诗歌格律的一个重要组成部分。中国诗向来以用韵为常例,无韵诗在中国绝少,并不能破坏诗用韵的原则。中国历史上有两次废韵的尝试,一是六朝人用有律无韵的文章译佛经中有音律的部分(例如偈和行赞),二是现代白话诗运动。对于前一次废韵,在朱光潜看来,是由于译者大半是印度和尚,且以忠实原义为主,因而不曾用韵。但是,后来的中国人写偈仍然用韵。至于白话诗,朱光潜认为其废韵是受了西方诗的影响,但也有很多白话诗仍然用韵。那么,中国诗为什么要押韵呢?通过和西方主要语言的比较,朱光潜认为这是由于中国的音轻重不分明,音节易散漫,必须借韵的回声来点明、呼应和贯串。所以,除了顿,去而复返、奇偶相错、前后呼应的韵易于形成中国诗的节奏。②

朱光潜提出的第二个关键的问题是:就诗的表现本身来说,格律有无必要性?其哲理根源何在?他认为诗的本性在表现感情,诗常用有定型的格律,这就足以证明定型的格律最适宜于表现情感。情感的特点是缠绵不尽,诗的格律便在迂回往复、周而复始中达到一唱三叹的抒情目的,并形成意不

① 朱光潜:《诗论》,见《朱光潜全集》第3卷,安徽教育出版社1987年版,第220页。
② 朱光潜:《诗论》,见《朱光潜全集》第3卷,安徽教育出版社1987年版,第188页。

尽于言而情多见于声的含蓄蕴藉风格。这就是格律内在于诗的本性的成因。既然从历史起源、自身发展以及内在根源上格律都是诗歌的随形之影，所以对待格律就不是废除的问题，而是转换的问题。朱光潜认为“五四时代新诗的缺点之一也就在于没有足够地重视民族传统”。比如四声是中国古诗格律的主要基础，但是在新诗中就不再提它了，这是新诗的一个损失。因此，朱光潜明确地说：“新诗的格律主要须从民族诗歌传统的基础上建立，而所建立成的应该是崭新的更适于现代生活和现代语言的形式。”[①]就顿而言，古代多为二字顿或三字顿，但是随着口语的采用和新诗句式的加长，四字顿成为停顿的主要类型，五字顿的也有。这些新情况都需要新诗创作者和评论家在实践和探索中不断总结规律。

总之，朱光潜认为诗歌格律的原则是“以整齐御变化，寓变化于整齐”。但是事实上它会随时代、作者，甚至诗的不同情境而不断变化。“由短趋长，由整齐趋变化”[②]，这是诗歌发展的总趋势。

（四）语言

在中国传统文论里，语言一直是表现思想情感的工具，如“得意忘言”之类。关于创作中的表现，传统的看法是人们先有一种已经成熟的情感和思想，然后再用语言把它表现出来，使其具有形式。这种创作观中的思想情感和语言之间的关系呈现出被动与主动、内外和先后的模式。也就是说，人们先有内在的思想情感，然后再用外在的语言把它表现出来。朱光潜认为这种以思想情感为实质、以语言组织为形式的观点是不精确的。他说：“什么叫做‘思想’？它是心感于物时，喉舌及其他语言器官的活动。……什么叫

① 朱光潜：《谈新诗格律》，见《朱光潜全集》第 10 卷，安徽教育出版社 1993 年版，第 164 页。
② 朱光潜：《谈新诗格律》，见《朱光潜全集》第 10 卷，安徽教育出版社 1993 年版，第 172 页。

做‘感情’呢？它是心感于物时，各种器官（如筋肉血脉等等）变化的总称。”[①]朱光潜认为“心感于物（刺激）而动（反应）”，这里的“动”其实是一个应付环境变化的完整反应，“思想”“情感”和“语言”这三者是同时进展并且互相连贯的，“思想是无声的语言，语言也就是有声的思想”，二者本是平行一致的。因而，思想愈发达，语言也愈丰富。所以，思想和语言并非先后内外的关系，也不是实质与形式的关系。因此，朱光潜认为表现可以有三种不同的意义：“‘表现’一词当作它动词看，意义只能为‘代表’（represent），当作自动词看，意义只能为‘出现’（appear），当作名词看，意义很近于‘征候’（symptom）。”[②]同理，情感与语言的关系也是这样。通常的语言指的是喉舌齿唇的活动，朱光潜认为“语言也只是情感发动时许多生理变化中的一种”。宽泛地说，伴随情感的其他许多生理变化也是语言，是广义的语言，就像鸡犬的鸣吠和摇头摆尾是它们的语言一样。朱光潜认为：“情感和语言的密切关系在腔调上最易见出。比如说‘来’，在战场上向敌人挑战说的‘来，’和呼唤亲爱者说的‘来，’字虽一样，腔调绝不相同。”他认为这种腔调上的差别是同时属于情感和语言的。在他看来，腔调之类的生理变化是情感和语言的依托，腔调与情感的关系是部分与全体、征候与病症、缩写字与全体字的关系。语言必有腔调，腔调必有情感，因而，语言与情感的关系不是内外先后的关系，而是部分与全体的关系。其原因在于“凡语言必伴有情感或思想……但是情感思想之一部分有不伴着语言的可能”。

还有一种情况必须看到：情感中流动的细节往往只有意识可达，却无语言能表。但是朱光潜认为这并不影响艺术创造，因为“诗的特殊功能就在以

① 朱光潜：《替诗的音律辩护》，见《朱光潜全集》第3卷，安徽教育出版社1987年版，第223—224页。
② 朱光潜：《诗论》，见《朱光潜全集》第3卷，安徽教育出版社1987年版，第92页。

部分暗示全体，以片段情境唤起整个情境的意象和情趣。……以极经济的语言唤起极丰富的意象和情趣就是‘含蓄’、‘意在言外’和‘情溢乎词’。严格地说，凡是艺术的表现（连诗在内）都是象征（symbolism），凡是艺术的象征都不是代替或翻译而是暗示（suggestion），凡是艺术的暗示都是以有限寓无限。”[①]他归纳的这三个“凡是”有一种递进关系，就其实质而论，可称为“暗示”说。因为象征即暗示，而以部分暗示全体正是以有限暗示无限，这与语言和思想情感之间的部分与全体的关系也是一致的。所以，“暗示”说揭示了艺术创作中语言和思想情感之间的本质关系以及形成含蓄境界的秘密，是朱光潜在其语言本体论的基础上得到的一个重要收获。

总之，朱光潜认为：“思想情感与语言是一个完整联贯的心理反应中的三个方面。”[②]它们的关系就像远古时代的诗、乐、舞，是三位一体的。因而朱光潜既不同意“笑由于喜，哭由于悲”，也不同意“喜由于笑，悲由于哭”，而认为“笑就是喜，哭就是悲”。朱光潜曾用这种艺术生理学分析过诗歌的“气势”和“神韵”。[③] 他认为，“在各种艺术之中，情思和语言，实质和形式，都在同一顷刻之内酝酿成功。”[④]因此，他不再把语言看成是表达思想感情的一般性的工具，而是把它提升到本体的地位，认为语言本身就是思想情感。这就是朱光潜富于独创性的语言本体论。

在这种语言本体论中，实质与形式的问题已不再是问题了，因为二者就像形之于体，是不可分开的。朱光潜把语言从工具提升到本体地位，其实是受了克罗齐的“表现即直觉”说的影响。该学说认为艺术是瞬间生成的直

① 朱光潜：《诗论》，见《朱光潜全集》第3卷，安徽教育出版社1987年版，第94页。

② 朱光潜：《诗论》，见《朱光潜全集》第3卷，安徽教育出版社1987年版，第93页。

③ 朱光潜：《从生理学观点谈诗的“气势”与“神韵”》，见《朱光潜全集》第3卷，安徽教育出版社1987年版，第368—373页。

④ 朱光潜：《替诗的音律辩护》，见《朱光潜全集》第3卷，安徽教育出版社1987年版，第224页。

觉,内容与形式是不可分的,因而也就无所谓内外、先后之分与主动被动之别了。但是,朱光潜又修正了克罗齐的直觉表现说。首先,朱光潜认为克罗齐没有认清语言作为传达媒介的重要性,而他自己则把语言和情趣意象打成了一片。其次,朱光潜不同意克罗齐对"表现"(直觉)和"传达"的截然两分,认为"表现"阶段已含有一部分以语言为沟通前后两阶段桥梁的"传达"。最后,朱光潜认为克罗齐由于没有看到有创造性的"传达"(语言的生展)和无创造性的"记载"(以文字符号记录语言)的不同,因而一概抹杀了"传达";而在朱光潜看来,"传达"是很重要的艺术活动。朱光潜自称他的表现说的特点是"把传达媒介看成表现所必用的工具,语言和情趣意象是同时生展的"①,这是他把语言本体论应用于"情趣"说的结果。

"情感思想语言一致说"的语言本体论为什么一直没有得到发现呢?朱光潜认为在一定程度上是由于文字在作怪。语言本来是与思想感情同生同灭的,但是它还能借文字留下痕迹。由于"文字可独立,一般人便认为语言也可以离开思想情感而独立",这就是误解的原因。在朱光潜看来,正是文字这种语言的符号使人们难以认识到"语言的实质就是情感思想的实质,语言的形式也就是情感思想的形式"这个道理。由于思想情感和语言是相互一致的共同体,因而写作的过程就不仅仅是运用语言的过程,同时也是调理思想和安顿情感的过程。朱光潜将前者称为"寻言",将后者称为"寻思"。何谓"寻思"呢?"寻思"就是"把模糊隐约的变为明显确定的,把潜意识和意识边缘的东西移到意识中心里去"②。对于创作中情感意象从模糊隐约到明显固定的过程并不说明它是在"寻思"之后再去"寻言",而是"寻思必同

---

① 朱光潜:《诗论》,见《朱光潜全集》第3卷,安徽教育出版社1987年版,第97页。

② 朱光潜:《诗论》,见《朱光潜全集》第3卷,安徽教育出版社1987年版,第101页。

时是寻言，寻言亦必同时是寻思”。在朱光潜看来，写作就像照相一样，其实就是为了拍到使情感思想和语言融会贯通的有机体的图像而调配距离的过程。“我们通常自以为在搜寻语言（调配语言的距离），其实同时还在努力使情感思想明显化和确定化（调配情感思想的距离）”，而不是“先调配情感思想的距离而后再调配语言的距离”。优秀的作品都能做到“寻思”和“寻言”的一致，使作品的语言呈现出澄明的状态；而那些“寻言”与“寻思”不一致的作品往往是言不达意的，因而其语言反而遮蔽了作者试图表达的意义。其原因在于语言未能准确地表现情趣，致使语言与情趣之间产生了错位，因而写出来的作品给人一种模糊不清、晦涩难解之感。这种作品严格来说只能是半成品，需要进一步修改才能使之最终得以完成。一般来说，需要修改的地方之所以没有把话说清，首先是由于思想混乱不清造成的；其次也可能是语言的表达力不够。如果是情趣和主旨还不明确，那就要进一步思考，使之清晰分明；如果是语言表达力不够，那就要继续锤炼语言，使语言能直接生动地表现作品的情趣。

总之，不论是“寻思”还是“寻言”，都是进一步地“调配距离”，直到使语言和情趣完全对位为止。王国维称道“红杏枝头春意闹”著一“闹”字而境界全出，王安石的“春风又绿江南岸”用了一个“绿”字便令人感到春意盎然，韩愈把贾岛的“僧推月下门”改为“僧敲月下门”，不过一字之差，原句表达的静默氛围已不复存在。这些例子说明语言的背后是情感，它们密切对应无法分开，一旦语言改变，情趣就会迥然有异。朱光潜把严肃的术语化为直白的口语，认为艺术的实质就是“见得到”，形式就是“说得出”。“在各种艺术中，实质和形式都是在同一刹那孕育出来的”。对于诗歌来说，“意的发生一顷刻，便是言的发生一顷刻；实质成就的一顷刻，便是形式成就的一顷刻。

所以我们不应该说‘以言达意’，应该说‘意就是言，言就是意’”。[1] 这就是朱光潜的思想情感和语言一致说。

反过来说，阅读在某种意义上就是把以言达意的创作过程转化为据言寻意的过程。如果说创作要求的是“辞达而已矣”，而阅读的结果往往是“诗无达诂”。从作者的准确表达到读者的通达体认有不同的层次，朱光潜由此提出了“达的常数与变数”说：

> “达”有两种，如果拿数学术语来说，一种“达”只有“常数”（constant），一种“达”含有“变数”（variable），只有常数的“达”，言者与读者所了解的意思有一部分叠合（即所谓“言中之意”），有一部分参差（即所谓“言外之意”）……[2]

常变之异固然源于读者的修养与经验，其实也正是语言借助意象和声音营造情趣的特点。语言本身是有限的，但是语言组合之后形成的意象和声音已蕴蓄了无限的可能，这就是好诗诞生的秘密。

诗歌不同于散文的一个特点是以少总多、含蓄蕴藉。含蓄蕴藉是由语言与情趣之间的适度调配形成的。诗歌的含蓄蕴藉不是源于语言表达的情趣模糊不清，而是诞生于语义组合形成的流动多样的意象空间之中。因而“语言——意象（或声音）——情趣”的准确对位就会使诗歌既不直白无味，又不晦涩难解。然而，当它们之间的关系出现错位时就会造成诗歌的晦涩问题。造成诗歌晦涩的原因很多，朱光潜认为诗歌晦涩有两种可能：“不是

---

① 朱光潜：《诗的实质与形式》，见《朱光潜全集》第8卷，安徽教育出版社1993年版，第281页。
② 朱光潜：《诗的无限》，见《朱光潜全集》第9卷，安徽教育出版社1993年版，第504页。

作者有意遮饰所传达的东西很平凡,就是他力不从心,传达的技巧幼稚。”[①]因而,他既要求读者努力求领悟,更要求诗人“诚实”。所谓“诚实”就是要求诗人在写作时做到“寻思”和“寻言”的一致,使作品的语言澄明如洗。朱光潜特别推崇陶渊明并不仅仅因为他浑身是“静穆”,还由于他的作品具有言近旨远的语言特色。在给方东美的信中,他就这样说:“弟于诗词,喜其造意深微而造语浅显者。”[②]陶诗正是如此:“采菊东篱下,悠然见南山。山气日夕佳,飞鸟相与还。”(《饮酒·其五》)这样的句子即使今天读来仍明白如话,用语浅近而寄意深远,这正是陶渊明诗歌的无穷魅力所在。

三、朱光潜诗歌美学的意义与局限

中国是个诗的国度,但诗学并不发达。看到这一点的人不少,但真正致力于改变这种状况的人却寥寥无几。从这个角度来说,朱光潜的《诗论》在变诗话为诗学、推进中国现代诗学建设方面取得的成绩弥足珍贵:在百年新诗发展史中,它被研究者认为是“中国现代第一部全面系统的诗学理论著作”[③],甚至被比作崔颢写的《黄鹤楼》:“在中国诗学论坛上,有了朱光潜的《诗论》,正如崔颢写了七律《黄鹤楼》一样,即使是李白来此,也只能大发‘眼前有景道不得,崔颢题诗在上头’之叹。至今在中国诗坛上,也没有任何一本诗学理论可以与《诗论》相匹比者。”[④]与这种对《诗论》的极度推崇形成对照的是诗学史学者的看法。於可训在《当代诗学》中说:“朱光潜的《诗

① 朱光潜:《谈晦涩》,见《朱光潜全集》第8卷,安徽教育出版社1993年版,第533页。
② 袁行霈、杨贺松编校:《陶渊明集》,辽宁教育出版社1997年版,第7页。
③ 钱念孙著:《朱光潜与中西文化》,安徽教育出版社1995年版,第323页。
④ 劳承万著:《朱光潜美学论纲》,安徽教育出版社1998年版,第171页。

论》的研究对象虽然主要是中国古代诗歌,但出发点却是现代的新诗运动,希望通过总结古代诗歌历史和与现代西方诗歌进行比较,为新诗发展提供经验和借鉴。从这个意义上说,朱光潜的《诗论》也可以说是40年代诗学研究的一个重要成果。”①这种看法也承认《诗论》的重要性,但只是把它局限在特定的时期做冷静的判断。其实扩展到整个新诗发展史上来看,《诗论》的重要性一点也不减弱,在为数不多的同类著作中,它的确是高高在上的。从这个意义上来说,朱光潜的《诗论》在中国现代诗学史中的地位相当于古代诗学史中的《文心雕龙》,但总体而言,它并没有超越《文心雕龙》。该书以其对诗歌领域内材料掌握的广博性和理论阐述的系统性而成为中国新诗史上首屈一指的理论著作。尤其可贵的是,朱光潜的《诗论》写作不仅是为了突破诗学在中国不发达的现状,更重要的是他秉承着推进新诗发展的初衷,以其丰富的知识积累和热切的责任心为新诗找出路,这也是《诗论》一书的基本精神。因此,它虽然写成于新诗运动的早期,却能为新诗未来的发展提供多方面的有益参照。

朱光潜的《诗论》在中国现代诗学体系建构中取得的成就无疑是开创性的,它的高起点与大容量尚有待后人超越。仅从这里探讨的“情趣”说就可见一斑。《诗论》是以“情趣”说为主体的庞大建构,“情趣”说的四要素——情趣、意象、声音和语言,从表面上看是对中国传统的‘言象意道’观的化用,相关论述最早见于《易经·系辞传》:“子曰:‘书不尽言,言不尽意;然则圣人之意其不可见乎?’子曰:‘圣人立象以尽意,设卦以尽情伪,系辞焉以尽其言,变而通之以尽利,鼓之舞之以尽神。’”事实上其框架主要是借助西方理论搭建起来的:克罗齐的直觉说为《诗论》提供了方法论基础,尼采的酒神精神和

① 於可训著:《当代诗学》,湖南人民出版社2000年版,第33—34页。

日神精神为《诗论》提供了精神内核，而黑格尔的《美学》第三卷则为《诗论》提供了写作范型。不可否认的是，《诗论》仍存在着局限和不足。这里从内部缺陷与整体不足两方面加以分析。情趣是朱光潜论诗的归宿，主要见于第三章《诗的境界——情趣与意象》。意象是《诗论》中最缺乏建设的一部分。第七章《诗与画——评莱辛的诗画异质说》以对西方文论的述评替代了意象理论的建设，是明显的薄弱章节。该章共四节，除了第一节"诗画同质说与诗乐同质说"，其写法基本上还是以前那种评介西方学说的路子。第二节是"莱辛的诗画异质说"，第三节"画如何叙述，诗如何描写"是接着介绍莱辛的学说，第四节"莱辛学说的批评"是对莱辛诗画异质说的评价。从这些标题就可以看出，与其说本章谈的是诗与画的关系，不如说是评介莱辛的诗与画的理论。这种以对西学的评介代替中国现代诗学建设的做法，是他那一套旧的写作模式的习惯性遗留。从这一章可以明显看出朱光潜从评介西方学说的《文艺心理学》到建设中国现代诗学的《诗论》之间的不成熟性。从内容上看，这一章也有值得商榷的地方。朱光潜在该章一开始就说："诗与画同是艺术，而艺术都是情趣的意象化或意象的情趣化。徒有情趣不能成诗，徒有意象也不能成画。情趣与意象相契合融化，诗从此出，画也从此出。"[①]这就表明诗画是同质的，都是"情趣的意象化或意象的情趣化"。但是在评述了莱辛的诗画异质说之后，他又认同了诗画异质说。这里的"质"到底是什么，还不是用意象表达的情趣吗？诗如此，画也如此，其质是相同的。至于莱辛的诗画异质只是异在媒介，不同的媒介会有不同的表达方式和优劣点，但并不构成情趣的本质差异。

声音是朱光潜探讨最多的一个要素，有对声音的技术解析（第八、第九、

① 朱光潜：《诗论》，见《朱光潜全集》第3卷，安徽教育出版社1987年版，第137页。

第十章)，有对中国诗走上“律”的路的现象阐释(第十一、第十二章)，有对诗与散文以及诗与音乐异同的分析(第五、第六章)。很显然，声音是《诗论》中的重头戏，朱光潜的分析也显得层次分明、解剖深入，但是与对意象等其他要素的建设相比显得超重，呈现出明显的不平衡倾向。不过这对改变声音不被重视而且难度较大的状况还是很有意义的。《论表现——情感思想与语言文字的关系》是《诗论》中最具革命性的一章，它改变了语言的传统工具观，“情思语言一致”说把语言提升到了本体论地位。朱光潜也许是中国现代诗学领域里最早提倡语言本体论的人物了。除此以外，《陶渊明》一章与全书体例不符，是一个比较大的缺陷。

如果从中国现代诗学理论建设的整体来看，《诗论》的主要不足在于它是一部修补型著作，其表现形式是多篇附录。《诗论》的重版和增补固然反映了朱光潜先生对诗学的不断探索，但这种探索是在原有体系的基础上进行的，而不是对原有体系的重新建构。由于朱光潜后期的政治遭遇以及从著作到翻译的转向，未能使他有更多的精力完成这种重构。著作的不断增补当然说明起初的建构存在着这样那样的不足。比较明显的一点是，朱光潜说他写《诗论》的初衷是为新诗找出路，但是除了谈声音那些章节之外，这部著作很少谈到新诗。只有初版中的附录《给一位写新诗的朋友》与三版中的《替诗的音律辩护》集中谈了一些。事实上，在这部专著之外，朱光潜还写了不少论文谈到新诗问题，如《诗的普遍性与历史的连续性》《新诗从旧诗能学习得些什么》《谈新诗格律》等。其中的观点并未融入《诗论》中去。由此可见，修补只能对原有体系加以有限度的改进，却无法使原作得以整体的提升。这样说也许对于这部中国现代诗学的建构之作有些苛求，不过指出这些或许更有利于后来者寻求推动新诗发展的道路。

朱光潜特别不满于新诗倡导人胡适提出的“做诗如说话”观点，因此他在 1933 年写了《替诗的音律辩护》一文。1948 年,朱光潜应邀写了一篇《现代中国文学》,他对新诗的判断是:“新诗似尚未踏上康庄大道,旧形式破坏了,新形式还未成立。”[①]1956 年,他仍然认为:“至今我们的新诗还没有找到一些公认的合理的形式,诗坛上仍然存在着无政府的状态。”[②]在朱光潜看来,和旧诗相比,新诗是缺乏魅力的。其主要原因是新诗作者缺乏对现实生活的深入体验,在运用语言的形式技巧方面缺乏锤炼,在音律运用方面舍近求远,放弃了中国诗歌长期积累的丰富经验,而去借用西方诗歌的音律形式,以致在本国人民中间失去了根基。朱光潜认为:“一个民族的诗不能看成一片大洋中无数孤立的岛屿,应该看成一条源远流长的百川贯注的大河流。它有一个共同的一贯的声音;在横的方面它有代表全民众与感动全民众的普遍性,在纵的方面它有前有所承后有所继的历史连续性。”[③]在他看来,一个诗人愈能表现民众的普遍性和历史的连续性便愈伟大,而在割断传统中片面地发展个人癖性是没有出息的,最多不过是供贵族阶级赏玩的奢侈品,是一条不能雅俗共赏的文学窄路。朱光潜强调诗人一方面要做历史传统的继承者,另一方面还要做时代风气的反映者,要在风气与传统所规定的范围与所指示的路径中创造新的风格。因此,在朱光潜看来,诗的生命有纵横两方面:横的方面是当时民众所能表现的共同精神,纵的方面是全民族在悠久历史上的成就。只有在这两个源泉的灌注下,诗歌才能显出旺盛的生命。而一旦陷入孤立绝缘中单纯地追求所谓的艺术技巧便意味着艺术的

---

① 朱光潜:《现代中国文学》,见《朱光潜全集》第 9 卷,安徽教育出版社 1993 年版,第 328 页。

② 朱光潜:《新诗从旧诗能学习得些什么》,见《朱光潜全集》第 10 卷,安徽教育出版社 1993 年版,第 52 页。

③ 朱光潜:《诗的普遍性与历史的连续性》,见《朱光潜全集》第 9 卷,安徽教育出版社 1993 年版,第 336 页。

颓废。朱光潜对颓废时代的艺术开出的药方是“接近民众与恢复传统”①。

朱光潜曾这样归纳中国旧诗的优点：“我也读过一些外国诗，各国诗当然各有特长，但是在形象的清新明晰，情致的深微隽永，语言的简炼妥帖，声调的平易响亮各方面，是许多外国诗所不能比美的。”②旧诗的这些优点恰好体现了朱光潜“情趣”说的四个方面：情趣美在“深微隽永”，意象美在“清新明晰”，声音美在“平易响亮”，语言美在“简炼妥帖”。它们异形同质，共同构筑了诗歌的美。情趣直接反映诗人的趣味，而意象、声音和语言则是诗人表现情趣所用的不可分割的艺术形式。作为诗人首先要有纯正高雅的情趣，同时要通过对意象、声音和语言的完美组合来表现这种情趣。因此，诗歌不仅要求各要素本身是美的，而且要求它们能得到完美的组合。旧诗如此，新诗岂能例外。用他的话说：“新诗比旧诗难作，原因就在旧诗有‘七律’、‘五古’、‘浪淘沙’之类固定模型可利用，一首不甚高明的旧诗纵然没有它所应有的个性，却仍有凡诗的共同性，仍有一个音乐的架子，读起来还是很顺口；新诗的固定模型还未成立，而一般新诗作者在技巧上缺乏训练，又不能使每一首诗现出很显著的音节上的个性，结果是散漫芜杂，毫无形式可言。”③“把形式作模型加个性来解释，形式可以说就是诗的灵魂，做一首诗实在就是赋予一个形式与情趣。‘没有形式的诗’实在是一个自相矛盾的名词。许多新诗人的失败都在不能创造形式，换句话说，不能把握住他所想表

① 朱光潜：《诗的普遍性与历史的连续性》，见《朱光潜全集》第9卷，安徽教育出版社1993年版，第339页。

② 朱光潜：《新诗从旧诗能学习得些什么》，见《朱光潜全集》第10卷，安徽教育出版社1993年版，第51页。

③ 朱光潜：《给一位写新诗的青年朋友》，见《朱光潜全集》第3卷，安徽教育出版社1987年版，第270页。

现的情趣所应有的声音节奏，这就不啻说他不能做诗。”[①]在对传统的推重之外，朱光潜还一直认为大众是文学活力的源泉。他说：“在历史上差不多找不到一种落到文人手里的文学而能维持它的鼎盛期到几世纪之久的。如果要它复活，必须使它能在民间文艺中吸收新的力量。”[②]依据“诗的普遍性与历史连续性”的观点，朱光潜不能不对打破传统、移植西方的新诗运动深表质疑：“新诗无疑的是艰晦，不能表现多数民众的情趣，也不能打动多数民众的情趣。”所以，他认为“如何使新诗真正地接近民众，并且接得上过去两千余年中旧诗的连续一贯到底的生命，这是新诗所必须解决的问题”[③]。对于今天的诗人和理论家来说，朱光潜的这个提问仍然不可回避，它需要并期待新的《诗论》加以回答。

---

① 朱光潜：《致一位写新诗的青年朋友》，见《朱光潜全集》第3卷，安徽教育出版社1987年版，第270—271页。

② 朱光潜：《文学与民众》，见《朱光潜全集》第9卷，安徽教育出版社1993年版，第15页。

③ 朱光潜：《诗的普遍性与历史的连续性》，见《朱光潜全集》第9卷，安徽教育出版社1993年版，第340页。

第五章　翻译家

其实，在我看来，应该首先把朱光潜视为一个翻译家，其次才是美学家等。仅就翻译而言，朱光潜的贡献也是巨大的。从著作分量来看，翻译在《朱光潜全集》中所占比例过半，除了亚里士多德和康德等美学家的著作，朱译几乎囊括了西方近代以前重要的美学经典著作。可以说，朱译和他编著的《西方美学史》珠联璧合，至今仍是国人了解西方美学的必读书。它们不仅有助于国人提高审美修养，而且是建构中国现代美学的重要参照。朱光潜翻译的双重意义在于，对他自身而言，翻译是他著述的基础与养料；对其他人来说，数量丰富、质量精美的朱译本身就是一座宝库。

一、外语学习与译介概述

谈论朱光潜的翻译，有必要从他的外语学习谈起。朱光潜初入香港大学时，因英语不及格在先修班补习了一年，之后才正式进入香港大学教育系就读。香港大学推行的是英式教育，采用英语教学，可以说这是朱光潜学好英语的起点。25年以后，他深情地回忆当时教他英诗的辛博森教授：“你是梅舍的舍监，英国文学教授，我的精神上的乳母。我跟你学英诗，第一次读的是《古舟子咏》，我自己看第一遍时，那位老水手射死海鸟的故事是多么干燥无味而且离奇可笑，可是经你指点以后，它的音节和意象是多么美妙，前后穿插安排是多么妥帖！一个艺术家才能把一个平凡的世界点染成为一个美妙的世界，一个有教书艺术的教授才能揭开表面平凡的世界，让蕴藏着美妙的世界呈现出来。你对于我曾造成这么一种奇迹。我后来进过你进过的学校——爱丁堡大学——就因为我佩服你。”[①]因为钦佩一个老师就选择他的母校就读，可以说，这是一个学生对老师的最高礼赞。有这样令人敬佩的精神导师，朱光潜学好英语便有了强大的动力。

后来朱光潜不止一次撰文或演讲介绍自己学习外语的经验。首先他非常看重外语的工具意义：“在今天的社会里，不管学习什么，如果不懂得外国文字，都不会有什么大的发展的。”朱光潜的核心经验是把外语当作“活的语

① 朱光潜：《回忆二十五年前的香港大学》，见《朱光潜全集》第9卷，安徽教育出版社1993年版，第186页。

>> 晚年的朱光潜

言”来学，尤其强调“用英语思想”；要用“活的方法”，即“结合客观现实生活和主观思想感情去学习语言”，[①]要通过文学作品学习语言、培养语感。在学习过程中要做到“四会”，即听说读写都要会，但要“从听和说起，逐渐过渡到阅读和写作”。朱光潜反对“离开课文孤立地强记生字”。他结合事例说：“我在中学里，有一个同学，就是章伯钧，他整天背字典，也不见有什么大效果，这是他忽略了英文的整体性……”而朱光潜学习外语的办法是“先系统地掌握基本语法，接着便抱字典啃整部头的书。起初困难在词汇。这是个在长期广泛阅读中自然会解决的问题……多看书是解决词汇困难的最有效的办法”。按这种办法，朱光潜在年近六十岁时，“每周花八小时左右学俄文，学到两年左右，便可勉强阅读”[②]。其具体方法如下：“一面听广播，一面抓住《联共党史》、契诃夫的《樱桃园》和《三姊妹》、屠格涅夫的《父与子》和高尔基的《母亲》这几本书硬啃。每本书都读上三四遍：第一遍只求粗通大义；第二遍就要求透懂，抱着字典，一字一句都不肯放过，词义和语法都要弄通，这一遍费力最多，收获也较大；第三遍通读就侧重全书的布局和首尾呼应的脉络以及叙事状物的一些巧妙手法，

---

① 朱光潜：《外语学习：活的方法和死的方法》，见《朱光潜全集》第10卷，安徽教育出版社1993年版，第440页。

② 朱光潜：《关于外语教学的一些杂感》，见《朱光潜全集》第10卷，安徽教育出版社1993年版，第91页。

多少从文学角度去看它。较爱好的《母亲》还读过四遍。无论是哪本书，我有时还选出几段来反复朗诵，到能背诵的程度。”[①]此外，朱光潜还把翻译作为“学习外国文的一个最有效的方法”[②]。

在我看来，必须把朱光潜的翻译放在他和外语的整体关系上来看待。朱光潜与外语的关系存在着三种情况：一是外语教学，二是英语著述，三是翻译述评。首先是外语教学，朱光潜从香港大学毕业后一直是教授英语或用英语教学的。在中国公学时他就开始教英语，并写了《道尔顿制下的英文教学法》（1923）和《中学校英文教学法示例》（1925）等论文。到北大西语系后他用英语授课。其学生杨周翰（1915—1989）回忆说：“我上过朱光潜先生讲的欧洲名著。朱先生这时刚到北大来授课，他从史诗、悲剧一直讲到歌德的《浮士德》。他不是空讲，而是读作品，用的都是英译本，他也用英语讲授。朱先生最善于在纷纭的现象中提炼出本质的东西。”[③]由此可见，朱光潜的教课方法是把英语授课与英语原著结合在了一起，可以说，这为学生学习英语提供了充分的语言环境。

其次是英语著述，主要包括朱光潜的博士论文 *The Psychology to Tragedy* [《悲剧心理学》（1933）]和重要论文 *Thought as the Manipulation of Language* [《思想就是使用语言》（1948）]。前者由张隆溪于 1983 年译成中文，后者由张金言 1988 年译成中文。此外，还有一篇《近代英美散文选》序[④]（1944），由他的儿子朱陈译成中文。从用英语授课到用英语著述，这些都为朱光潜的翻译提供了强大的语言装备与文化支持。

---

① 朱光潜：《我学美学的一点经验教训》，见《朱光潜全集》第 5 卷，安徽教育出版社 1989 年版，第 526 页。

② 朱光潜：《谈翻译》，见《朱光潜全集》第 4 卷，安徽教育出版社 1988 年版，第 289 页。

③ 朱洪著：《朱光潜大传》，人民日报出版社 2012 年版，第 84 页。

④ 朱光潜、方重、戴镏铃编：《近代英美散文选》，开明书店版 1944 年版。

谈论朱光潜的翻译，必须把他的述评作品包括在内。述评是翻译的变体，它以非对应性语言转述最新的西学思想，并渗入了述评人的评价，可以说是带有主观性和阐释性的译介，同样起到了让国人了解西学的作用。大体上，朱光潜早期注重西学述评，后期注重翻译。他的第一篇西学述评《弗洛伊德的隐意识说与心理分析》(1921)也是他的第一篇白话文，当时他还是香港大学学生。此后心理学成为朱光潜西学述评的重点，他陆续介绍了《行为派(behaviourism)心理学之概略及其批评》(1921)、《完形心理学之概略及其批评》(1926)、《现代英国心理学者之政治思想》(1928)、《行为主义》(1929)等。朱光潜述评的第二个重点是文学批评。1927年，他写了三篇述评文章，介绍《欧洲近代三大批评学者》圣伯夫(Saint Beuve)、阿诺德(Matthew Arnold)和克罗齐(Benedetto Croce)。此外，他还写了《进化论证》(1922)、《近代英国名学》(1927)、《黑格尔哲学的基本原理》(1933)、《近代美学与文学批评》(1935)、《柏拉图的诗人罪状》(1936)等。除了单篇论文之外，朱光潜还写了西学述评专著，主要有《变态心理学派别》(1930)、《变态心理学》(1933)、《符号逻辑派别》(抗战中遭焚)、《克罗齐哲学述评》(1948)。由此可见，朱光潜的西学述评主要集中在欧洲留学时期，大致以心理学为重点，此外涉及生物学、逻辑学、美学与文学批评、哲学等。至于朱光潜西学述评的代表作，无疑是两卷本的《西方美学史》(1963—1964)。

朱光潜的翻译包括学术翻译与非学术翻译(或文学翻译)。在《给青年的十二封信》中，他说："我不会翻译。"[①]接着直接引用了布朗宁(Browning)一首英诗的片段，表明那时他还处于外文阅读阶段，并未进行文学翻译。他

---

① 朱光潜：《谈在卢佛尔宫所得的一个感想》，见《朱光潜全集》第1卷，安徽教育出版社1987年版，第55页。

译的第一部书是文学作品《愁斯丹和绮瑟的故事》(1930)。这是他的译作中唯一以“朱孟实”署名的,其余均是“朱光潜”。在学术翻译方面,他最早的译文应是《各国对于心理学之贡献》(1923),当时,朱光潜在中国公学教书。该书作者竺来佛后来成为朱光潜在爱丁堡大学读书时的老师,值得一提的是,该文内容同样与心理学有关。在欧洲留学期间,他还翻译了克罗齐的《美学原理》,但该书直到1947年才出版。在我看来,正是对克罗齐思想的输入使朱光潜从西学述评转向了西学翻译:“我起念要译克罗齐的《美学》,远在十五六年以前,因为翻译事难,一直没有敢动手。这十五六年中我却写过几篇介绍克罗齐学说的文章,事后每发见自己有误解处,恐怕道听途说,以讹传讹,对不起作者,于是决定把《美学》翻译出来,让读者自己去看作者的真面目。”[①]朱光潜写这篇译序时是1947年,也就是说,他从1931年左右就想译克罗齐,从这篇序来看,他在欧洲留学时并未译此书,至多是草译。这些只能称为朱光潜的零星翻译期。

朱光潜的集中翻译期始于新中国成立以后。他之所以投身于翻译,据他自述是受了美学论争的刺激:“参加美学论争的人往往并没有弄通马克思主义,至于资料的贫乏,对哲学史、心理学、人类学和社会学之类与美学密切相关的科学,有时甚至缺乏常识,尤其令人惊讶。因此我立志要多做一些翻译重要资料的工作。”[②]不过,在一份交代材料中,朱光潜暗示他翻译其实是出自上级的安排:“更重要的是周扬,他指使我再搞解放后就已丢开几年的美学,参加国内持续五六年的美学讨论,翻译莱辛和黑格尔之类西方资产阶级美学名著;后来他又和北大商量,把我调到哲学系工作,开西方美学史,指

---

① 朱光潜:《美学原理·第一版译者序》,见《朱光潜全集》第11卷,安徽教育出版社1989年版,第129页。

② 朱光潜:《作者自传》,见《朱光潜全集》第1卷,安徽教育出版社1987年版,第7页。

导美学组的青年教师和研究生;1961年他邀我参加了文科教材会议,由会议决定让我编写西方美学史的教材和资料附编;另外他还叫我代冯至主编北大西语系所编选的《西方资产阶级关于人道主义和人性论的资料》。在1956年之后十年之中,我的编写和翻译工作乃至教学工作,都是由周扬亲自插手安排的。这十年之中我所编写和翻译的总量在两百万字以上,我勤劳地忠实地执行了周扬所交给我的一切任务。"①尽管这段话出自"揭发"的语气,但它也揭示了朱光潜陷入翻译的政治背景。现在来看,也许应该感谢周扬,如果不是这样,《美学》等译著可能还要推迟。考察朱光潜此时的翻译,美学论争前的译作有两种:《艺术的社会根源》(1951)、《文艺对话集》(1954);美学论争后的译作主要有四种:《歌德谈话录》(1978)、《拉奥孔》(1979)。其中耗费他精力最多的是黑格尔的《美学》,该书1958年出版第一卷,随后"文革"爆发,译事受挫,译稿也被抄走,幸而后来归还。第二卷与第三卷上册于1979年出版,第三卷下册于1981年出版。《美学》的翻译前后历时20余年,令人感佩。朱光潜的最后一部译作《新科学》(1986),也是遗作,在他去世两个月后出版。这几乎是一个象征:朱光潜译作的生命比他本人的寿命还长。

二、朱光潜的翻译观念

在《怎样改造学术界?》(1922)中朱光潜最早谈到翻译,此时他尚未发表译作。该文将翻译视为学术界环境改造的一部分,并强调了翻译在过渡时代的重要性。朱光潜认为当时译品的数量与质量都有欠缺,因而有意联合全国学者组织一个"编译会",系统地开展翻译工作:"各科专门学者会商关于他们所学的书籍,那一些放在第一批,那一些放在第二批。然后择重要的

① 朱光潜:《自我检讨(二)》,见《欣慨室随笔集》,中华书局2012年版,第265页。

由各科专门学者次第译出。”这表明朱光潜早就有一个整体的翻译计划，但由于个人事务尚不能把精力放在翻译上，加上此时他还是个学生，没有号召力，所以这个编译会不免落空。在译法上，朱光潜对文学翻译与学术翻译进行了区分。他认为“文学著作是不可译的（小说除外）”，“译哲学科学书籍，用意译法似乎比直译法好”①。其逻辑是“我们译者的任务是把作者的思想用中国文字表示出来”，只需译者与作者的意旨相符，文体则不必也不能相同。很显然，与学术翻译相比，文学翻译更难。

25 年后，朱光潜撰文《“五四”以来的文学翻译》（1947），对文学翻译仍然感到不满，其原因是符合条件的译者太少。朱光潜认为：“翻译必具三个条件，一是对外国文精通，一是对本国文精通，一是有文学修养。”②对于学术翻译，后来他也总结了三个条件：“一、精通所译原文那一国语言，二、精通原文所涉及的专科学问，三、精通本国语言。”③这个区分是精微的：文学翻译注重文学修养，学术翻译注重专科学问。不可否认，将外国文、本国文与文学修养或专科学问三位一体确实困难，而这正是造成翻译滞后的原因。

又过了 4 年，朱光潜在“五四”翻译座谈会上发言，讨论对待坏译品的办法，他认为根本在预防。他批评说：“‘五四’以来翻译界最大的缺点在没有组织，没有计划性，没有健全的审核制度和批评风气。”④因而敦促翻译局在这些方面有些作为。可以说，翻译局相当于他早年设想的“编译会”，只是未发挥应有的作用而已。谈到具体翻译时，朱光潜也很注重集体性，这或许可以看作翻译与创作的不同之处：“鄙意认为在动手翻译之前应有个学习和讨

---

① 朱光潜：《怎样改造学术界?》，见《朱光潜全集》第 8 卷，安徽教育出版社 1993 年版，第 34 页。

② 朱光潜：《“五四”以后的翻译文学》，见《朱光潜全集》第 9 卷，安徽教育出版社 1993 年版，第 237 页。

③ 朱光潜：《建议成立全国性机构，解决学术名词译名统一问题》，见《朱光潜全集》第 10 卷，安徽教育出版社 1993 年版，第 449 页。

④ 朱光潜：《在“五四”翻译座谈会上的发言》，见《朱光潜全集》第 10 卷，安徽教育出版社 1993 年版，第 17 页。

论阶段，最好由一个三人到五人小组来进行，把原文吃透了，才由一人动手译，由小组讨论定稿，印行后要不断地广泛征求校改意见。”[①]朱光潜这里所说的翻译其实是从集体到个体再到集体的过程，恐怕这个方法不易实施，至少在他的翻译生涯中未成为现实，就连《美学》那么厚重的译著都是他独自完成的。1979年，该书第一卷出版后，有读者向他反馈其中的译名不统一问题。他建议国家出版事业局编出一系列统一的各科词典，“象佛典中的《翻译名义集》那样的著作”[②]，同时建议成立一个全国性的常设机构解决这个问题。不过，他认为译名只能做到“适当的统一”[③]。提到这个限度表明朱光潜是清醒的，因为按他的观点，“语言是活的”，在不同语境中可能会有差异。

朱光潜的翻译观集中在《谈翻译》(1943)一文中。这时他还处于零星翻译期，并不以翻译家著称。但此文确实谈出了翻译的甘苦。文章一开始，朱光潜强调“在现代研究文学，不精通一两种外国文是一个大缺陷”。他认为“不能见得广就不能见得深”，或者说不了解外国文学就无法真正认识本国文学。但多数人尚不能精通外语，要了解外国文学只能借助翻译。该文的核心是翻译之难：“据我个人的经验，译一本书比自己写一本书要难得多。”[④]翻译难在何处？如何克服？朱光潜认为严复(1854—1921)所说的译事三难中最难的是“信”：

---

① 朱光潜：《关于马列原著译文问题的一封信》，见《朱光潜全集》第10卷，安徽教育出版社1993年版，第546页。

② 朱光潜：《关于马列原著译文问题的一封信》，见《朱光潜全集》第10卷，安徽教育出版社1993年版，第548页。

③ 朱光潜：《建议成立全国性机构，解决学术名词译名统一问题》，见《朱光潜全集》第10卷，安徽教育出版社1993年版，第451页。

④ 朱光潜：《谈翻译》，见《朱光潜全集》第4卷，安徽教育出版社1988年版，第289页。本段其余引用均出自本文。

所谓“信”是对原文忠实，恰如其分地把它的意思用中文表达出来。有文学价值的作品必是完整的有机体，情感思想和语文风格必融为一体，声音与意义也必欣合无间。所以对原文忠实，不仅是对浮面的字义忠实，对情感、思想、风格、声音节奏等必同时忠实。稍有翻译经验的人都知道这是极难的事。有些文学作品根本不可翻译，尤其是诗（说诗可翻译的人大概不懂得诗）。大部分文学作品虽可翻译，译文也只能得原文的近似。绝对的“信”只是一个理想，事实上很不易做到。①

在这里，朱光潜把“信”视为翻译的理想，一个译者应尽力靠近的目标。“信”为何难？朱光潜认为原因很多，“头一层是字义难彻底了解”。朱光潜认为文字有四种重要意义，两种次要意义。所谓四种重要意义，首先是“直指的或字典的意义”，其次是“每个字在一国语文中都有很长久的历史……有一种特殊的情感氛围”，此外还有字的联想意义和声音美。朱光潜曾谈到毛泽东词里的“指点江山”是“盱衡国家大势或商讨国家大事”的意思，而“江山”指的是“国家疆宇”。② 这是个有代表性的例子。声音美更难传达，而“声音节奏是情感风趣最直接的表现”，这些在翻译中都很容易丢失。两种次要意义指词义的古今演变以及体现文字生命力的习惯语和土语。因此，朱光潜提醒译者：“遇到一部作品，须揣摩那里所用的文字是否有特殊的时代、区域或阶级上的习惯，特殊的联想和情感氛围，上下文所烘托成的特殊‘阴影’（nuance），要把它们所有的可能的意义都咀嚼出来，然后才算透懂那部作品，这不是易事，它需要很长久的文字训练和文学修养。”为此，朱光潜建议译者“勤翻字典”，但也不能完全信任字典。因为字典本身可能有错

① 朱光潜：《谈翻译》，见《朱光潜全集》第 4 卷，安徽教育出版社 1988 年版，第 289—290 页。
② 朱光潜：《致许渊冲》，见《朱光潜全集》第 10 卷，安徽教育出版社 1993 年版，第 436—437 页。

误或不精确,更重要的是有些意思在字典以外。朱光潜认为翻译更难的是“语句的组织”,并对中西句法的差异进行了比较,大体上“中文以简炼直截见长,西文以繁复绵密见长”。因此,朱光潜总结翻译的错误不外两种:不是“字义的误解”就是“语句的文法组织没有弄清楚”。在这篇文章中,朱光潜对直译(“依原文的字面翻译”)和意译(“把原文的意思用中文表达出来”)之争不以为意,他否定了把文章译得比原文还难懂的直译,也不赞成林琴南式的不精确的意译。他认为关键是要“尽量表达原文的意思,必须尽量保存原文的语句组织”,但也要顾到中文的习惯。在批评老舍(1899—1966)的译文时,朱光潜推测其翻译原则:“一种是小心地追随原文亦步亦趋,寸步不离;一种是大胆地尝试新文体,要吸收西文的词汇和语法,来丰富中文。”[①]前者就是直译,但后者并非意译,而是异化翻译。朱光潜不满意老舍译文的地方在于“你没有尽量利用你所特别擅长的中文口语”。其实这不只是建议老舍采用归化翻译,更是提醒他要结合自己的特长翻译。总之,朱光潜认为“理想的翻译是文从字顺的直译”,并认为“好的翻译仍是一种创作”,“只有文学家才能胜任翻译文学作品”。显然这里谈的侧重于文学翻译。

除了观念与方法之外,朱光潜还多次讨论具体词语的翻译,既结合语境,又细致入微,可以说他是一个精确到词的翻译家。在他的第一篇西学述评中,还是大学生的朱光潜就 unconscious 的中译加了一个附注。他说陆志韦(1894—1970)在演讲中把它译成“隐机”,汪敬熙(1898—1968)在《最近心理学之趋势》中把它译成“无意识”都是不准确的。结合弗洛伊德表达的本义,朱光潜认为应译为“隐意识”,其理由是“无谓不存在,隐谓存在而不发

① 朱光潜:《致老舍》,见《朱光潜全集》第 10 卷,安徽教育出版社 1993 年版,第 38 页。

现,但可以发现”[1]。朱光潜不仅敢于质疑名家的翻译,甚至对字典也不太信任:“我发现过很多的《英汉字典》,几乎没有一本不是有很多的错误的。你们要知道,这些字典有很多是刚毕业的大学生编的,书店老板为了赚钱,于是便印了出来。”[2]因此他建议读者慎重选择字典,最好是《牛津字典》。本着这种质疑字典的精神,他讨论了几组近义词的汉译。首先是 theory 和 practice,他认为前者译为“理论”“学理”“学说”都不很精确。因为它的字根源于希腊文 thea,与“戏院”(theatre)一字同源,因而他认为 theory 指的是“见而有所知”,译成“见解”“知解”“知”才恰当;后者源于希腊文 praktikos,意为“行”“做”“练习”,但译成“实用”不妥。因此,他认为这两个字应译为中国哲学中的“知”与“行”。[3] 朱光潜还撰文讨论一词多义的误译,认为“要理解一个词的意义,单靠本文的上下文还不够,有时还要理解作者的思想体系和用词的习惯”[4]。他多次提到对《费尔巴哈和德国古典哲学的终结》中的“终结”这个词的翻译:“德文原文是 ausgang,这个词有两个意义,一是‘出路’或‘结果’,二是‘终结’或‘终点’,英译本取第二义作 end,中译本也是如此。……此外我还看到斯屈柔克(Dirk J. Struik)替纽约国际出版局 1964 年新出版的马克思的《经济学—哲学手稿》英译文所写的长篇序言,提到恩格斯的上述著作时,却把 Ausgang 解释为‘出路’或‘结果’的意思,足见这个词在西方各国马克思主义者中间也不一致,我疑心 Ausgang 译为‘终结’似不妥,因为马克思的唯物辩证法和唯物史观正是在批判继承黑格尔和费尔巴哈的基

---

① 朱光潜:《弗洛伊德的隐意识说与心理分析》,见《朱光潜全集》第 8 卷,安徽教育出版社 1993 年版,第 11 页。

② 朱光潜:《如何学习英文》,见《朱光潜全集》第 9 卷,安徽教育出版社 1993 年版,第 349 页。

③ 朱光潜:《几个常见的哲学译词的正误》,见《朱光潜全集》第 9 卷,安徽教育出版社 1993 年版,第 221—222 页。在《谈一词多义的误译》中,朱光潜认为这组词可译为“认识”与“实践”。

④ 朱光潜:《谈一词多义的误译》,见《朱光潜全集》第 10 卷,安徽教育出版社 1993 年版,第 479—480页。

础上建立起来的，而恩格斯的全文最后一句话是很明确的：‘德国的工人运动是德国古典哲学的继承者’，怎么能说德国古典哲学到马克思时代便已‘终结’了呢？”[①]所有这些都体现了朱光潜在外语词与汉语词之间寻求精确对应的翻译精神。

三、朱光潜的文学翻译

如果说学术翻译对应于朱光潜的美学家身份的话，文学翻译则对应着他的作家身份。朱光潜的文学翻译包括小说、散文、诗歌和剧本，可以说涉及文学的各类体裁。不过，他的文学翻译与学术翻译存在着接受的不平衡性。具体地说，其文学翻译常被学术翻译遮蔽，处于被忽略状态。是他的文学翻译数量较少，还是此类译作未取得较高成就？这是一个值得讨论的问题。下面结合朱光潜的译诗略做分析。朱光潜一向认为诗歌是最高的艺术门类，并多次谈到诗的不可译性，也许正因为这样，他的译诗较少，独立的只有华兹华斯的一首《露西》，叶芝的九首诗和彭斯的三首诗，以及作为西方美学资料的布瓦洛《诗艺》片段，蒲柏《论批评》片段，华兹华斯《序诗》片段，以及作为《拉奥孔》附录的《伊尼特》片段。在他的译诗中，数量最多、格外用心的是《叶芝诗选》(1943)，具体篇目包括《印度人的上帝观》《婴宁湖岛》《你老的时候》《一首旧歌重新唱过》《心里的玫瑰》《永恒的声音》《库洛的野雁》《从〈俄狄浦斯〉悲剧中摘出》和《流水和太阳》。朱光潜认为这九首诗是“叶芝的诗集中最为人所赞赏的”，这当然反映了他的个人趣味。换个译者可能会列出另一个赞赏的名单。不过，其中《婴宁湖岛》《你老的时候》《库洛的

---

① 朱光潜：《建议成立全国性机构，解决学术名词译名统一问题》，见《朱光潜全集》第10卷，安徽教育出版社1993年版，第450—451页。

野雁》都是叶芝的名诗。仅从题目看，朱译和通行的翻译差异较大，这三首诗更常见的译名是《茵纳斯弗利岛》《当你老了》《柯尔庄园的野天鹅》。这里仅就《你老的时候》进行分析。下面是朱光潜的翻译及叶芝的原诗：

你老的时候

到了你苍颜白发的光景，
坐在炉边打盹，取这本书
慢慢地读，你回想到当初
你那双眼睛的柔光浓影。

几多人爱你的笑貌欢颜，
爱你美，是假意或是真心，
只一人爱你进香的灵魂，
爱你面上愁容，幻变无常。

你弯下腰，在熊熊炉火旁
低声叹息爱已掉头不顾，
逃到上面山峰，徘徊独步，
在群星当中，把面光隐藏。

1893 年[1]

[1] 朱光潜：《叶芝诗选》，见《朱光潜全集》第 20 卷，安徽教育出版社 1992 年版，第 67 页。

When You are Old

When you are old and grey and full of sleep,
And nodding by the fire, take down this book,
And slowly read, and dream of the soft look
Your eyes had once, and of their shadows deep;

How many loved your moments of glad grace,
And loved your beauty with love false or true,
But one man loved the pilgrim soul in you,
And loved the sorrows of your changing face;

And bending down beside the glowing bars,
Murmur, a little sadly, how Love fled
And paced upon the mountains overhead
And hid his face amid a crowd of stars.

首先看题目,朱译侧重于名词“时候”,强调老的状态。袁可嘉(1921—2008)与裘小龙(1953—　)都译为《当你老了》,强调的是老,以及对老的感受,接近于动词。从词语来看,把 when 译成“当”显然更准确。傅浩(1963—　)译为《当你年老时》,“年”字多余。叶芝(1865—1939)写此诗时 28 岁,诗中的“你”即他的同龄恋人茅德·冈(1865—1953),当时叶芝认识她已经四年。此诗是叶芝面向未来的想象,而不是说“你”真的已经老了。直译诗题就是“当(或等)你老了的时候”,去掉后三个字更简洁。

再看诗本身的翻译。朱光潜认为译诗最难的是传情,因为“传情全在声音节奏上面”,他的办法是“尽量采用原诗的形式”:“比如说,原诗每行十音,译诗也就用十字一行;原诗用抱韵,交错韵,或平韵,译诗也就用那种韵,原诗行中有一停顿处,译诗也设法在原处左右停顿。我也尽量保存原诗的意义,遇能够直译处必定直译,偶尔对原文稍加变动,是受音韵的限制,出于万不得已。”①比较朱译与叶诗,可以看出“尽量采用原诗的形式”这个办法太拘谨了,有时不免限制了表达的准确性。试看第一句,原诗确是十音,朱光潜把它译成了十个汉字。但这十个汉字译得很不准确,原诗是三个形容词做并列表语,而朱光潜竟然舍弃了其中的两个(old 与 full of sleep)不译,只译出了“苍颜白发”(grey),这是惊人的漏译。即使“苍颜”对应于 old,但 full of sleep 这个词组是没有着落的。而且这一行的前四个单词(When you are old)就是题目,按说应与题目译得完全一致。但朱光潜把它译成了“到了你……的光景”,“old”漏译不再说了,为何题目中的“时候”又变成了“光景”? 原来是为了与第四句中的“浓影”押韵。为了表面的押韵放弃了准确的对应,得不偿失。裘小龙对这句诗的翻译是“当你老了,头发灰白,满是睡意”,非常准确,唯一的变化是将两个 and 译成了两个“,”,尽管这两处停顿是原诗没有的,但它们起到了强调作用,属于变通性的精确。

第二行前半句朱光潜译得较好,但多出个“坐”字,后半句又出现了漏译。“取这本书”应是“取下这本书”(take down this book),朱光潜为何不译“down”呢? 因为原诗只有四个音,所以他严格地把它译成了四个字。这就是“尽量采用原诗的形式”带来的问题。事实上,即使译成四个字,“取下这书”也比“取这本书”完整。

---

① 朱光潜:《叶芝诗选》,见《朱光潜全集》第20卷,安徽教育出版社1992年版,第65页。

三、四两句,原诗有两处停顿,朱光潜只译出一处;而且,“你”的位置与原诗不符(dream of 与 take down 并列),应放在“回想”后面。Shadows 是“眼影”的意思,至今无人译出。这句可译为“慢慢读,回想你的眼睛曾有的/那种柔情,回想它们深深的眼影”。

第五句漏译了“moments”,“几多”不常用,可改为“多少”,grace 意为“风度”。可译为“多少人爱慕你欢笑时的风姿”。袁可嘉把它译成“多少人爱你青春欢畅的时辰”,“青春”属于发挥,无来历,原诗意在将此句中的 glad 与第八句中的 sorrows 形成对比。

第六句前半句中的 your 是“你的”意思,“爱你美”不准确。袁可嘉将 love 译为“爱慕”很准确,这样的话,前一个 love 也应译为“爱慕”,表示爱得不真诚。“是假意或是真心”被袁可嘉精简为“假意或真心”,非常可取。本句可译为“爱慕你的美丽,假意或真心”。

在第七句中,朱光潜将 pilgrim 译为“进香的”,俗了。袁可嘉把它译成“朝圣者”,一下子提升了这句诗的分量。而且诗中的 in you 很多译者都未译出,简单地译成“你”是不准确的,因为这个词组界定着灵魂的位置。我认为这句诗应译为“只有一人爱你体内那朝圣者的灵魂”。

朱光潜把第八句断开了,是为了与第五句押韵。这一句袁可嘉译得很精彩:“爱你衰老了的脸上痛苦的皱纹。”这是大胆的变通,将 changing 译成“衰老了的”其实不准确,而且进行时被译成了完成时。不过,原诗中不存在的“皱纹”加得好,将 sorrows 具体化了,这是诗人译诗中的创造。朱光潜把 sorrows 译成愁容,也很具体,但语义有些轻。直译应是“爱你变幻的脸上的那些悲情”。

最后一节其实是一句。第 9 行原诗未断开,而且诗人已从 fires 写到 bars,即火炉里的木条,glowing 是发光的意思,朱光潜把它译成“熊熊”,夸大了,不准确。“你”不见于原诗。所以,这行诗可译为“在燃烧的木条旁俯下身子”。

第十行，a little sadly（有些悲伤地）漏译，“掉头不顾”找不到对应的词语，属于发挥；fled 意为“逃离”，被译者移到下一行。袁可嘉把它译为“消失”，不准确，下一行的 pace 仍在写爱，它并未消失。原诗有两处停顿，被朱光潜译成一个完整句子。按汉语习惯，可把副词放在动词前面，但 Murmur 后的“，”必须保留，因为 Murmur 后是个从句，引导三个并列的动词（fled、paced、hid）。这行可译为“悲伤地低语着，爱如何逃离”。

第十一行，将 overhead 译为“上面”无意义，山峰自然在上面。袁可嘉译为“头顶上”，符合诗意。Pace 是踱步、缓步的意思。原诗未断句，朱光潜把它断开并倒装，还是为了押韵。这行直译为“缓缓踱上头顶上的山峰”。

最后一行原诗未断句。其中 his 很关键，必须译出。如果说本诗第一节写的是想象中老年的你，这一节写的就是想象中老年的“我”。这是一个几乎难以察觉的场景切换，意思是当你老了，“我”也老了。你在火炉边，“我”也在烤火取暖，两个人都为未能走到一起而遗憾。在这节诗中，俯身之实与上升之虚形成鲜明的对照。隐藏于星星中的诗人的脸试图与逃上山峰的爱在高处汇合。这一行应译为“把他的脸隐藏在一群星星里”。对比朱译本及其他译本，加入我自己的理解，本诗可译成：

当你老了

当你老了，头发灰白，浑身睡意，
在炉边打盹，取下这本书
慢慢读，回想你的眼睛曾有的
那种柔情，回想它们深深的眼影

多少人爱慕你欢笑时的风姿
爱慕你的美丽,假意或真心,
只有一人爱你体内那朝圣者的灵魂
爱你变幻的脸上的那些悲情

在燃烧的木条旁俯下身子
伤心地低语着,爱如何逃离
缓缓踱上头顶上的山峰
把他的脸隐藏在一群星星里

从上面的讨论可以看出,朱光潜的译诗存在着以下问题:首先是不准确,有不应该的漏译,有不必要的发挥。其次,为了做到句尾押韵,不惜变动诗行内部的节奏,顾此失彼。尤其是按照原诗的音步译成相应的字数,过于拘谨,这也是导致漏译的原因。整体来看,尽管朱光潜有很高的文学修养,也精通英语和汉语,但他对译诗付出的精力不多,数量上不成规模,内容上不够准确。可资为证的是,他好评了许渊冲译的《毛主席诗词》,认可了他的"意美音美和形美"说,随后坦陈"在翻译方面亦只偏于散文理论著作,所以对译诗问题实不敢赞一词……"①和他译的学术著作相比,这些文学翻译影响不大,甚至不太为人所知,应该说不是偶然的。

虽然《传统与个人的资禀》(节译,1948)不属于文学翻译,但也值得注意。朱光潜在译后记中说:"本篇已有人一再译过,我嫌他们有未能达意处,

① 朱光潜:《致许渊冲》,见《朱光潜全集》第10卷,安徽教育出版社1993年版,第472页。

所以重译一遍。”[①]在他翻译此文前，已有曹葆华译本（1933）、卞之琳译本（1934）等。后来还有曹庸译本（1962）、李赋宁译本（1994）。总体来说，朱光潜这篇译文并不出名，比较流行的是卞之琳的译本。他将题目译为《传统与个人才能》，最初发表于《学文月刊》创刊号（1934 年 5 月 1 日），修订后收入《艾略特诗学文集》（1989）。此文较长，不便比较，仅从题目的翻译来说，朱译并不占上风。曹葆华译为《传统形态与个人才能》，卞之琳、曹庸、李赋宁均译为《传统与个人才能》（Tradition and the Individual Talent），显然后者更准确。艾略特认为个人才能只有融入文学传统才是有效的，因此他强调“不断地消灭个性”。因此，Talent 并非“天才”或“资禀”，而是“才能”。

四、译介典范——《美学》与《西方美学史》

朱光潜的学术翻译是个广阔的海洋。笔者无意具体讨论每一部译作，也不想单纯地介绍译作的内容，读者自己可以去阅读；如果把朱光潜的翻译与著述联系起来，考察他的吸收与转化情况，又超出了他作为一个翻译家的范畴。因此，本节先概述朱光潜学术翻译的一般特点，然后重点讨论两部典范性的作品：三卷本译作《美学》和两卷本述评《西方美学史》。这样一来，就可以把朱光潜的译介大厦理解成以《美学》为核心、以《西方美学史》为线索的美学输入与初步建构。

朱光潜学术翻译的特色首先在于他的翻译原则或理想，即忠实顺畅。这个原则最早见于他为《美学原理》写的序言中：“我自己写文章，一般以流畅亲切为主，翻译这本书时却不得不改变自己的作风以求对于作者忠实。

---

① 朱光潜：《传统与个人的资禀》，见《朱光潜全集》第 20 卷，安徽教育出版社 1992 年版，第 98 页。

我起稿两次,第一次全照原文直译,第二次誊清,丢开原文,顺中文的习惯把文字略改得顺畅一点。我的目标是,第一不违背作者的意思,第二要使读者在肯用心求了解时能够了解。"①值得注意的是,《美学原理》是朱光潜翻译的第一部学术著作,所以,对他来说存在着一个从创作到翻译的转换问题。对此,朱光潜本人有清醒的认识。就此而言,翻译是译者牺牲自己、成全作者的活动。如果说"忠实"是对作者负责的话,那么,"顺畅"就是对国内读者负责。此后朱光潜一直坚持这个原则。在《艺术的社会根源》《文艺对话集》《歌德谈话录》的译后记里都提到了这一点:"译者所悬的目标只有两条,一是忠实于原文,二是流畅易读。"②此外,朱光潜的不少学术翻译有修正版,体现了他向忠实精确靠拢的努力。如《美学原理》初版于 1947 年,1958 年出版修订版。《文艺对话集》初版于 1954 年,1963 年出版重订本。

其次,朱光潜的学术翻译往往是参照多种译本译成的。这不仅是一种能力,更是一种责任。作为翻译家,朱光潜精通英、法、德、俄四种外语,这当然是一种能力。但是精通一种以上外语的人并不少见,却很少有人像朱光潜这样负责任。如莱辛的《拉奥孔》,本来是为编写《西方美学史》准备的资料,他却不肯应付,而是根据彼德生(G. Petersen)等编的莱辛全集二十五卷本、包恩缪勒(F. Bornmüller)编的莱辛选集五卷本和瓦尔特·霍约(Walter Hoyer)编的莱辛选集三卷本这三个德文版本进行翻译,并"参考了威廉·斯蒂尔(W. A. Steel)、比斯勒(E. C. Beasley)和斐利慕(R. Phillimore)三种英译本和 1957 年苏联国家文学出版社出版的俄译本"③。当然,有些译作朱光潜

① 朱光潜:《美学原理·第一版译者序》,见《朱光潜全集》第 11 卷,安徽教育出版社 1989 年版,第 130 页。

② 朱光潜:《歌德谈话录·译后记》,见《朱光潜全集》第 17 卷,安徽教育出版社 1989 年版,第 539 页。

③ 朱光潜:《拉奥孔·译后记》,见《朱光潜全集》第 17 卷,安徽教育出版社 1989 年版,第 247 页。

并不懂原文，如柏拉图的《文艺对话集》、克罗齐的《美学原理》和维柯的《新科学》。这类著作一般非常重要，或译者特别喜欢。为了弥补不懂原文的缺陷，朱光潜就“多搜比较可靠的英法文译本，仔细对照着看，来窥探原文的意思”①。

第三，朱光潜的翻译常体现出译者的主体性。这主要体现在他对翻译对象的选择取舍上，也体现在他的注释方面。朱光潜的学术译作大多具有经典性，这自然是严格选择的结果。除了书目的选择以外，朱光潜还很注意篇目的选择，如《文艺对话集》《歌德谈话录》尽管不是全译，但都以文艺思想为核心，给人的感觉非常完整，甚至获得了独立性。此外克罗齐的《美学》也是选译：“原书分原理与历史两部分，我只译了原理部分，所以书名也改为《美学原理》。”②尽管朱光潜解释了历史部分未译的原因，但仍给人一种缺憾感，因为读者一般是期待全译本的。事实上，朱光潜有些译作不仅是全译本，甚至会附上相关的文献，构成译作的生态环境。如《拉奥孔》后的三个附录，涉及《拉奥孔》遗稿、莱辛的相关书信，以及维吉尔在《伊尼特》中关于拉奥孔的描写。再如《新科学》的附录《维柯自传》，如此等等。朱光潜作为译者的主体性还体现在注释上。注释是朱光潜译著的有机组成部分，它们就像中国古典小说中的评点文字，又像渗入译作的西学述评，非常有助于读者深入理解原著。可以说，朱注与朱译珠联璧合，构成了朱光潜不同于其他翻译家的显著特色。朱注形式多样，除了通常的注释之外，还有拟题、题解，结合译文的总结等。拟题，在《歌德谈话录》的每则日记后用简要的词语概述当天的主要内容，放在括号里；最有代表性的题解在《文艺对话集》中，译者

---

① 朱光潜：《文艺对话集·译后记》，见《朱光潜全集》第12卷，安徽教育出版社1991年版，第310—311页。

② 朱光潜：《美学原理·第一版译者序》，见《朱光潜全集》第11卷，安徽教育出版社1989年版，第130页。

用它“说明各篇要义以及了解全篇所必要的一些知识”[1]。结合译文的总结最突出的是《美学》,其他译作中也有,如在《拉奥孔》中,朱光潜“还扼要注明了大多数章节中的主要论点以及各章前后复制的线索(大半见章末最后注)”[2]。这种总结性的注释类似于他教学中的串讲,就此而言,朱光潜扩大了注释的范围。在我的视野里,其他翻译家并无此类总结性的注释。此外,朱光潜的每篇译后记大多先介绍作者,再对作品进行具体分析和辩证评价,可以说是一篇关于译作的小论文。

下面从概述转向朱光潜的经典译介《美学》和《西方美学史》。无论从下的功夫还是花费的时间来说,《美学》这部译作都堪称一个巨大的工程:朱光潜调动了自己所有的外语能力来译它,可谓一丝不苟:“本译文第一卷已在1959年由人民文学出版社印行。后来译者忙于其它工作,接着在‘四人帮’对知识分子实行法西斯专政时期,又搁了十年左右,直到1970年冬才动手续译。译完后把全书(包括已出版的第一卷)从头到尾校改了一遍。除德文版以外,译者参校了英译本(鲍申葵译的全书绪论部分,奥斯玛斯通译全书)、俄译本(斯托尔卜纳译第一第二两卷,巴波夫补译完全书)和法译本(姜克勒维希译)。原书分三卷,柏林新版合订成一厚册。本译文依英俄法三种译本分四卷,把原来第三卷分为上下两卷。”[3]在朱光潜的所有译作中,《美学》之所以最重要不是偶然的。它本来就厚重,皇皇三卷,可以说将美学理论、美学发展史与建筑美学、绘画美学、音乐美学、诗歌美学等各类艺术美学融为了一体,而朱光潜的翻译使它显得更加厚重。用四种语言译一本书,可以

---

① 朱光潜:《文艺对话集·译后记》,见《朱光潜全集》第12卷,安徽教育出版社1991年版,第311页。
② 朱光潜:《拉奥孔·译后记》,见《朱光潜全集》第17卷,安徽教育出版社1989年版,第247页。
③ 朱光潜:《美学·译后记》,见《朱光潜全集》第16卷,安徽教育出版社1990年版,第316页。《美学》第一卷出版时间为1958年,译者记忆有误。

说，在世界范围内的《美学》翻译史上可能都是独一无二的。在注释上也可以看出它的卓越之处："《美学》德语原文版的编者没有加注，只附载词汇的简介和引得，英译本偶尔有注，法译本和俄译本都基本上没有加注。为了大多数读者的方便，译者加了一些译注。译注分三种，(1)较难章节的释义和提要，(2)点明从马克思主义观点看值得注意的一些问题，(3)词汇和典故的简介。"[①]其中的第2种注是其他译作中没有的，它表明译者要用马克思主义文艺观衡量一部前马克思主义的重要美学著作。值得注意的是，朱光潜译著的精确性也体现在译注上。他坦诚"我对音乐是完全外行"，因此在译完《美学》中的音乐部分后曾请一位音乐学院的教授校改。尽管这样，宋铁铮(1939—)还是发现了一处注释错误，即"《美学》第三册三四七页的注(1)"[②]。查该页，现注释为"和声原文是 Die Harmonie"。

同样是《美学》，朱光潜选译了克罗齐，全译了黑格尔。其原因可能很多，比如周扬的指示，他个人的爱好以及他的德语功底，还有他对黑格尔《美学》重要性的判断："在马克思主义以前，西方美学和文艺理论的书籍虽是汗牛充栋，真正有价值而影响深广的也只有两部书，一部是古希腊的亚理士多德的《诗学》，另一部就是十九世纪初期的黑格尔的《美学》。"[③]朱光潜未译《诗学》，可能是因为他不懂希腊语，但他也未译同为德语的重要美学著作《判断力批判》。朱光潜不是没有意识到该书的重要性，在《美学的最低限度的必读书籍》(1939)中，他列出三十本书，其中有五本是"研究美学者的必读之书"[④]，第一本就是 *Critigue of Judgment*(《判断力批判》)，另四本是席勒的

---

① 朱光潜：《美学·译后记》，见《朱光潜全集》第16卷，安徽教育出版社1990年版，第346页。

② 朱光潜：《致宋铁铮》，见《朱光潜全集》第10卷，安徽教育出版社1993年版，第490页。

③ 朱光潜：《美学·译后记》，见《朱光潜全集》第16卷，安徽教育出版社1990年版，第317页。

④ 朱光潜：《美学的最低限度的必读书籍》，见《朱光潜全集》第8卷，安徽教育出版社1993年版，第403页。

《审美教育书简》、叔本华的《作为意志与表象的世界》、尼采的《悲剧的诞生》、黑格尔的《艺术哲学》，均为德语著作，最后一部即黑格尔的《美学》。1962年，编写《西方美学史》时，他在一篇指导青年读者学习美学的文章中写道："在西方，美学著作虽是浩如烟海，真正的历史上起重大影响的只有几部著作，例如柏拉图的《文艺对话集》、亚理斯多德的《诗学》、康德的《判断力的批判》和黑格尔的《美学》。"这两次谈论相距20多年，显然后一次更中肯。四本重要作品朱光潜译了两本，占了半壁江山。《判断力批判》上卷1964年由美学家宗白华（1897—1986）译出[①]，下卷由韦卓民（1888—1976）译出。大体上与朱光潜译《美学》同期。宗白华在译后记里写道："这部《判断力批判》分上下两卷，上卷即'审美的判断力批判'，是欧洲近代美学界一个极为重要的著作，它一直刺激了欧洲近代资产阶级美学界的思考，研究美学的人不能不对这个美学体系作出深入的彻底的批判，来建立唯物主义美学。我不揣自己的浅陋，翻译了这部素称难译的康德著作，期望不久有更准确，更流畅的译本问世。"[②]

值得注意的是，《判断力批判》随后真的出现了重译本：先是牟宗三（1909—1995）译本（1991，1993），后是邓晓芒（1948— ）译本（2002）。邓晓芒谈到重译此书时说："在已有的中译本中，要么译者对康德哲学缺乏了解，要么不是直接从德文原本翻译过来的，而是从英译本转译的，与原文出入较大，不少意思译得不明确，错漏也比较多，加上译名的不统一和表述上存在的问题，总的来说，都不能令对康德哲学有兴趣的中国读者们满意，更

① 林同华：《宗白华生平及著述年表》，见《宗白华全集》第4卷，安徽教育出版社1994年版，第767页。

② 宗白华：《判断力批判·译后记》，见《宗白华全集》第4卷，安徽教育出版社1994年版，第402页。

谈不上满足康德哲学和美学的研究者的迫切需要了。”[①]相比而言，黑格尔的《美学》至今无人重译，估计此后也不会出现重译，甚至无需重译。朱光潜翻译的意义由此彰显出来。可以说，朱光潜翻译的《美学》无须重译或抗拒重译。他的其他学术翻译也大多是这样。他之所以在晚年拼命译《新科学》，因为它是“一部天才著作，对历史学派和社会科学是开山祖”，同时他坦陈：“我不懂拉丁文，罗马法和对古代史知识很不够，我译书大概以这部《新科学》为最吃力了。”[②]因此他希望后人“拿出一部《新科学》的较好的译本来”，甚至说：“历史将会证明这不仅是我老汉垂死前的一种奢望。”[③]但是《新科学》的新译本至今尚未出现。尽管后来出现了《柏拉图全集》（王晓朝译，2003）和《歌德谈话录》（吴象婴等译，2002），但朱光潜翻译的《柏拉图文艺对话集》和《歌德谈话录》仍是未被替代的译本，甚至是文艺爱好者的首选译本。这不仅因为他的译笔好，更因为他选的好，特别适合文艺爱好者阅读。

《西方美学史》被朱光潜自评为新中国成立后他“唯一重要的著作”[④]。确实，朱光潜在新中国成立后的主要成绩除了翻译，就是编著了这部美学史，而且它们联系紧密：美学史的编写建立在他对西方美学原著的阅读与翻译的基础上，而西方美学史的编写将他的阅读与翻译串联成一个整体，对涉及的美学家与美学著作进行了具体深入的评价，并发掘了它们之间的内在线索。尽管朱光潜自谦“本编只是一部略见发展线索的美学史论文集，不能

---

① 邓晓芒：《判断力批判·中译者序》，见《判断力批判》，人民出版社2002年版，第4页。

② 朱光潜：《致程代熙》，见《朱光潜全集》第10卷，安徽教育出版社1993年版，第608页。

③ 朱光潜：《新科学·译后记》，见《朱光潜全集》第19卷，安徽教育出版社1992年版，第267—268页。

④ 朱光潜、冬晓：《朱光潜教授谈美学》，见《朱光潜全集》第10卷，安徽教育出版社1993年版，第532页。

算是一部美学史,因为次要的美学流派的代表遗漏得很多"[1]。但他已经做出了非凡的努力。

在我看来,这部《西方美学史》的价值或特色主要体现在以下几个方面:首先是美学史与美学作品选相结合。正如编者介绍的:"编写者在工作过程中所采取的程序是,先大致摸清每章的原始材料,把能说明问题的部分择要选译出来,作为本编的附编,然后进行编写。"[2]这种"史有实据"的编写方法不仅能使美学史的编写落到实处,而且给读者提供了从作品选自行理解西方美学演进的可能。换句话说,这部美学史既是确定的,已经写好的,又是敞开的,有待读者补充的。所以,作品选的准确性就显得格外重要。而朱光潜对资料准备下的功夫是可以信赖的:"编写者力求根据原始资料作忠实的介绍,并且尽量用作者的原文;只有在原始资料难于搜集时,才偶用第二手资料。"除了他已经完成的译著外,这些资料大多是他特意为编写此书所做的翻译。可以说,朱光潜用翻译与编写相结合的方法达成了美学史与美学作品选相结合的效果。

其次是"介绍先于批判"的编写方法。在某种程度上,编写历史像翻译一样需要注重客观性,但同样难免主观性的介入。"介绍先于批判"之所以可取,是因为它先奠定了一个相对客观的基础,从而给读者提供了评判编者批判的可能性。"批判"当然是主观的,"介绍"貌似客观的,其实也会体现主观性。比如介绍谁不介绍谁,是重点介绍还是简单介绍,如此等等。对此,朱光潜确定的选择标准是:"一个是足资借鉴,所以选择来介绍的大半是些

---

① 朱光潜:《西方美学史·初版编写凡例》,见《朱光潜全集》第6卷,安徽教育出版社1990年版,第4页。

② 朱光潜:《西方美学史·初版编写凡例》,见《朱光潜全集》第6卷,安徽教育出版社1990年版,第3页。

带有积极意义的经典性的论著；另一个是代表性较大，影响较深远，有助于说明历史发展的源流线索，这中间除掉正面性的东西之外，还要包括一部分反面性的东西，例如新柏拉图派和克罗齐。”①除了“经典性”或“代表性”这样的词语，引文中还出现了“积极意义”和“反面性”之类的说法，这体现了此书编写的语境。不可否认，本书的编写是美学论争的结果，出于官方的授权。朱光潜是把它作为一项任务接受下来的，这就不可避免地使他带着某种政治倾向来评判西方美学思想。事实上，对于美学思想来说，只有是非正误之分，并无正面反面之别。尽管这属于时代的局限，但也是本书的特色之一。好在朱光潜对西方美学长期关注、广泛阅读和深入研究，这保证了此书应有的质量，并在一定程度上超越了那个时代对他的限制。

第三，朱光潜借助他的理论功力和问题意识初步梳理出了西方美学史的发展线索。如始于柏拉图和亚里士多德的“唯心主义与唯物主义的对立线索”以及“浪漫主义与现实主义的对立线索”。此外，他还强调研究美学史，必须把握“上层建筑对社会基础的依存”以及“上层建筑本身的历史持续性”②这两种性质的线索。这是他把美学放在社会政治和哲学文化构成的开阔空间里考察获得的可贵认识：“从马克思主义观点来研究美学史，就决不能把美学史看作一门孤立的科学，而是要把它看作全部文化发展中一个有机的组成部分，并且看作过去经验与现实需要密切相联系的统一体。它需要社会发展史，文艺和哲学等方面的知识基础，还需要对当前文艺和审美教育中一些活的问题的亲切认识和关注。”③从这段话看，他甚至还把美学史放在当前语境

---

① 朱光潜：《西方美学史·初版编写凡例》，见《朱光潜全集》第6卷，安徽教育出版社1990年版，第4页。

② 朱光潜：《西方美学史·初版序论》，见《朱光潜全集》第6卷，安徽教育出版社1990年版，第13页。

③ 朱光潜：《西方美学史·初版序论》，见《朱光潜全集》第6卷，安徽教育出版社1990年版，第13—14页。

中书写,这是非常深刻的见解,很接近他译的《传统与个人的资禀》中提出的文学秩序理论,即不仅“现在受过去支配”,“过去”也“因现在而变动”。

还有一点值得肯定的是,朱光潜对长达两千五百年的漫长美学史采取了“抓两头”的策略,较好地处理了全书的比重问题。之所以“抓两头”,是因为“两头”比“中间”重要。诚如朱光潜所说的:“在这约莫二千五百年之间,美学思想最繁荣的时期实际上不过五六百年,即希腊时期的二三百年左右,文艺复兴以后三四百年左右,至于在中间的一长段时期里,美学的薪传虽未曾断绝,重要的贡献却不很多。”[①]不过,在具体写作过程中,古代“那头”的柏拉图被视为“反面”人物,因为他是个唯心主义者。事实上,朱光潜深知他们的意义,只是迫于外在的压力才抑制了他“一向醉心”的唯心派哲学[②]和原本尊崇的思想家。“反面人物也不一概排斥,古代的柏拉图、中世纪的普洛丁和托马斯·阿奎那和近代的克罗齐都是唯心主义的有反动倾向的人物,但是在美学思想发展中都起了巨大作用,你还不能把他们一笔勾销。”[③]与此相应,现代“这头”并未得到应有的贯彻,比如他素有研究的弗洛伊德、尼采等都被排除在了西方美学史之外,原因大概也是他们当时被认为是“反面的”吧。对此,朱光潜晚年(85 岁时)做了自我批评:“《西方美学史》的朋友们往往责怪我竟忘了叔本华和尼采这样两位影响深远的美学家,这种责怪是罪有应得的。”[④]“罪有应得”这个词用得很重,表明他对自己当初“有顾忌,胆怯,不诚实”是非常痛惜的。而此时的“认罪”则表明他恢复了勇气和真诚。

---

① 朱光潜:《西方美学史·初版编写凡例》,见《朱光潜全集》第 6 卷,安徽教育出版社 1990 年版,第 5 页。
② 朱光潜:《克罗齐哲学述评·序》,见《朱光潜全集》第 4 卷,安徽教育出版社 1988 年版,第 306 页。
③ 朱光潜:《西方美学史·再版序论》,见《朱光潜全集》第 6 卷,安徽教育出版社 1990 年版,第 18 页。
④ 朱光潜:《悲剧心理学·中译本自序》,见《朱光潜全集》第 2 卷,安徽教育出版社 1987 年版,第 210 页。

朱光潜先生年谱简编

1897 年(出生)

生于安徽省桐城县阳和乡吴庄(今属安徽省枞阳县)。

1903 年(6 岁)

随父入私塾读书。

1912 年(15 岁)

入孔城高等小学。

1913—1916 年(16—19 岁)

入桐城中学研习古文。

1917 年(20 岁)

考入国立武昌高等师范学校国文系。

1918 年(21 岁)

被选派至香港大学,经复试后于第二年进入教育系就读。

1921 年(24 岁)

处女作《福鲁德的隐意识说与心理分析》发表于《东方杂志》。

1922 年(25 岁)

与陈氏结婚。

1923 年(26 岁)

长子朱世粤(朱陈)出生(1999 年 10 月去世);与中国公生学生奚今吾相识。

获香港大学文学学士学位，应张东荪之邀到上海吴淞中国公学中学部教英文，兼校刊《旬刊》主编。

1924 年(27 岁)

由于江浙战争爆发，由夏丏尊介绍到浙江上虞白马湖春晖中学教英文。

1925 年(28 岁)

因不满春晖中学校长的专制作风，与匡互生去上海，后来创办立达学园，起草立达学园《旨趣》。并参与筹办开明书店和《一般》(后改名为《中学生》)杂志。考取安徽官费留学，入爱丁堡大学文科学习。

1928 年(31 岁)

获爱丁堡大学文科硕士学位。

1931 年(34 岁)

在斯特拉斯堡大学文学院注册。

1932 年(35 岁)

在伦敦与奚今吾结婚。

1933 年(36 岁)

获文学博士学位。7 月回国，由徐中舒引荐，被胡适聘请为北京大学西语系教授。在自己家里慈慧殿三号发起并组织“读诗会”，每月一至两次。父亲朱延香病故。

1936 年(39 岁)

参与发起组织风谣学会。

1937 年(40 岁)

与杨振声、沈从文等人创办《文学杂志》，朱光潜任主编，常风任助理编辑。出版四期后因抗战爆发而停刊。北平沦陷后南下，应聘为四川大学文学院院长兼英文系主任。

1938 年(41 岁)

因反对程天放接长四川大学而辞职。后由陈源等相劝至四川乐山的武汉大学任外文系教授。

1939 年(42 岁)

长女朱世嘉出生(2005 年 8 月 9 日上午去世)。

1942 年(45 岁)

任教务长兼外文系主任,并加入国民党。次女朱世乐出生(2007 年 4 月 10 日上午病逝)。

1946 年(49 岁)

返回北平,任北京大学西语系教授兼主任。因沈崇被美兵侮辱,与沈从文等向美国驻华大使司徒雷登递交抗议书。

1947 年(50 岁)

《文学杂志》复刊,第二年十一月第三卷第六期出版后停刊。

1949 年(52 岁)

1 月北平和平解放。拒绝去台湾,留在北大。11 月在《人民日报》上发表《自我检讨》。母亲左东宜病故。

1950 年(53 岁)

接受管制八个月。之后参加西北土地改革参观团活动近一个月。

1952 年(55 岁)

被列为北京大学思想改造运动中的重点批判对象。

1956 年(59 岁)

《我的文艺思想的反动性》发表于《文艺报》第十二期。对朱光潜的批判引发了一场长达六年的美学大辩论。

1960 年(63 岁)

北京大学哲学系成立美学教研室,朱光潜从西语系调到哲学系,主讲“西方美学史”。

1966 年(69 岁)

“文化大革命”爆发,被宣布为“无产阶级专政的对象”,接受监督劳动改造。

1967 年(70 岁)

被关进“牛棚”,接受批斗。第二年年底才得以回家,但仍需参加学习班,接受监督劳动。直到 1972 年才结束审查。

1980 年(83 岁)

在第一届全国美学会议上当选为中华全国美学学会会长,1983 年辞职。

1985 年(88 岁)

香港大学授予朱光潜名誉文学博士学位,这是香港大学授予中国大陆学者的第一个荣誉学位。

1986 年(89 岁)

3 月 6 日凌晨 2 时 30 分病逝于北京友谊医院。

参考文献

一、论文

朱光潜:《福鲁德的隐意识说与心理分析》,载《东方杂志》1921 年 18 卷 14 期。

朱光潜:《无言之美》,载《民铎》1924 年 5 卷 5 期。

朱光潜:《论美是客观与主观的统一》,载《哲学研究》1957 年第 4 期。

二、专著

朱光潜著:《给青年的十二封信》,开明书店 1929 年版。

朱光潜著:《变态心理学派别》,开明书店 1930 年版。

朱光潜著:《谈美》,开明书店 1932 年版。

朱光潜著:《变态心理学》,商务印书馆 1933 年版。

朱光潜著:《文艺心理学》,开明书店 1936 年版。

朱光潜著:《诗论》,重庆国民图书出版社 1943 年版。

朱光潜著:《我与文学及其他》,开明书店 1943 年版。

朱光潜著:《谈修养》,重庆中周出版社 1943 年版。

朱光潜著:《谈文学》,开明书店 1946 年版。

朱光潜著:《克罗齐哲学述评》,正中书局 1948 年版。

朱光潜著:《美学批判论文集》,作家出版社 1958 年版。

朱光潜著:《西方美学史》(上卷),人民文学出版社 1963 年版。

朱光潜著:《西方美学史》(下卷),人民文学出版社 1964 年版。

朱光潜著:《谈美书简》,上海文艺出版社 1980 年版。

朱光潜著:《美学拾穗集》,百花文艺出版社 1980 年版。

朱光潜著:《悲剧心理学》,张隆溪译,人民文学出版社 1983 年版。

三、译著

[法]柏地耶述:《愁斯丹和绮瑟》,朱光潜译,开明书店 1930 年版。

[意]克罗齐著:《美学原理》,朱光潜译,上海正中书局 1947 年版。

[美]哈拉普著:《艺术的社会根源》,朱光潜译,新文艺出版社 1951 年版。

[古希腊]柏拉图著:《文艺对话集》,朱光潜译,上海文艺联合出版社 1954 年版。

[爱尔兰]萧伯纳著:《英国佬的另一个岛》,朱光潜译,见《萧伯纳戏剧集》第 2 卷,人民文学出版社 1956 年版。

[德]黑格尔著:《美学》第 1 卷,朱光潜译,人民文学出版社 1958 年版。

[德]黑格尔著:《美学》第 2 卷,朱光潜译,商务印书馆 1979 年版。

[德]黑格尔著:《美学》第 3 卷上册,朱光潜译,商务印书馆 1979 年版。

[德]黑格尔著:《美学》第 3 卷下册,朱光潜译,商务印书馆 1981 年版。

[德]爱克曼辑录:《歌德谈话录》,朱光潜译,人民文学出版社 1978 年版。

[德]莱辛著:《拉奥孔》,朱光潜译,人民文学出版社 1979 年版。

[意]维柯著:《新科学》,朱光潜译,人民文学出版社 1986 年版。

四、全集

朱光潜著:《朱光潜全集》(二十卷本),安徽教育出版社 1987—1993 年版。

朱光潜著:《朱光潜全集》(三十卷本),中华书局 2012—2013 年版。

五、其他

王攸欣著:《朱光潜传》,人民出版社 2011 年版。

朱洪著:《朱光潜大传》,人民日报出版社 2012 年版。

李茂增著:《无言之美——朱光潜评传》,学林出版社 2015 年版。

后记　曲终韵犹存

音乐,一种神秘的艺术,为朱光潜所青睐。朱光潜信奉佩特的观点:"一切艺术都以逼近音乐为旨归。"对他来说,音乐是一种至美的造物。如果说"美是难的",要谈出音乐之美难度更大。"锦瑟无端五十弦",乐器本身也是难以解释的。在所有艺术门类中,音乐最神秘,它拒绝转换成其他语言,或者说,其他语言根本无法破解,甚至不能描述音乐之美。它以灵动奇妙的方式触动人的内心,那种流动变幻的声音如此直接,以至于毫无阻碍地融入听者的心灵,令人感发兴起,如痴如醉。

自古以来,西方美学的建构者主要有两类人:一类是纯粹的哲学家,如亚里士多德、康德、黑格尔等;一类是艺术家,或身为艺术家的思想家,如柏拉图、尼采、本雅明等。一般来说,纯粹哲学家的美学严谨、理性,自成体系,但对艺术作品有时不免隔膜;艺术型思想家的美学大多从自身的创作经验出发,并能提升到理论的层面,这种融合了主体经验的理论大多富于感染力,而且往往能透析艺术作品的内蕴。按达·芬奇的观点,艺术家与思想者应做到经验与理性的结合:"经验,这位在丰富的自然和人类之间的翻译者,教导我们说:这个自然在受制于必然的凡人中间所造成的东西上面,只能按照它的舵手理性所教给它的方法去进行工作。"在这两类美学家中,朱光潜私淑的是前者。其代表作《诗论》追求的就是"谨严的分析与逻辑的归纳"。在《文艺心理学》的序言里,他表达了对经验的警惕:"我并不敢忽视粗疏的经验,但是我敢说它不够用,而且有时还误事。"不过,朱光潜并不排斥经验。

“不通一艺莫谈艺”出自1980年10月11日他在全国高校美学教师进修班上的讲话，可以说这是朱光潜对自己长期从事美学研究的总结。他说：“搞文艺理论的人要懂得一点文艺。或者学点音乐，或者学点绘画，学点雕刻，或者学点文学，最好能动手创作。”由就可见，“通一艺”是从事美学研究的必要条件。所谓“通”并不限于用心欣赏，还要“动手创作”。朱光潜本人是畅销书作家，也写诗。这为他的美学研究提供了不可替代亦不可或缺的宝贵经验。朱光潜一生致力于用理性思维建构中国现代美学，同时坚持用美丽的语言谈论艺术之美，所谈的艺术是有会于心的，所用的语言是浸透情感的。可以说，他写下以及译成的美学著作是用词语的音符谱写的思想旋律。尽管其人已逝，其作品却依然向后世绵延，渗入专业学者，甚至普通读者的心中。真可谓人去文尚在，曲终韵犹存。

肖学周

2015年9月3日